复旦五浦汇丛书

启蒙辑要

黄玉峰 主编

作者团队（按姓氏笔画排序）：王琳妮、艾欣、李金才、李郦、沈文婕、郁蓓媛、胡一之、耿荣、龚兰兰、虞宙

图书在版编目（CIP）数据

启蒙辑要 / 黄玉峰主编. —上海：上海科学技术文献出版社，2020
（从陪伴到放手：复旦五浦汇丛书 / 黄玉峰主编）
ISBN 978-7-5439-8159-1

Ⅰ.①启… Ⅱ.①黄… Ⅲ.①古汉语—启蒙读物 Ⅳ.①H194.1

中国版本图书馆 CIP 数据核字（2020）第 127193 号

策划编辑：张　树
责任编辑：王　珺　罗毅峰
封面设计：留白文化

启 蒙 辑 要
QIMENG JIYAO
黄玉峰　主编
出版发行：上海科学技术文献出版社
地　　址：上海市长乐路 746 号
邮政编码：200040
经　　销：全国新华书店
印　　刷：常熟市人民印刷有限公司
开　　本：787×1092　1/16
印　　张：14.25
字　　数：231 000
版　　次：2020 年 8 月第 1 版　2020 年 8 月第 1 次印刷
书　　号：ISBN 978-7-5439-8159-1
定　　价：48.00 元
http://www.sstlp.com

目 录

编写说明 / 001

《三字经》《百家姓》《千字文》选读 / 001

《弟子规》《朱柏庐治家格言》选读 / 014

《增广贤文》选读 / 023

《千家诗》选读 / 037

《幼学琼林》选读 / 052

《龙文鞭影》选读 / 072

《神童诗》选读 / 109

《声律启蒙》选读 / 112

对联选读 / 134

《唐诗三百首》选读 / 151

《唐宋词小令精华》《元曲鉴赏辞典》选读 / 171

《颜氏家训》选读 / 178

《大学》《中庸》选读 / 195

《论语》《孟子》《荀子》《庄子》《列子》《墨子》《吕氏春秋》选读 / 202

编写说明

一、本读物是根据中华人民共和国教育部印发的《完善中华优秀传统文化教育指导纲要》指导精神，汇集了大量古代蒙学书籍编写的一本较为完整的蒙学材料。

二、本读物以"立德树人"为宗旨，摘取蒙学经典中的精华部分，分为"我与自我""我与家庭""我与学校""我与社会""我与自然""我与生活""我与艺术"等七个模块。若有些选篇本身没有某个模块，便付阙如。

三、本读物在每一辑前，对该选篇作了简单的介绍。

四、本读物在每条引文下作了简单的解读。

五、为了节省篇幅，本读物基本上没有标音，读者在阅读时应该勤查字典。

六、同上理由，估计读者没有阅读障碍的，就从简。有不理解的还是要勤于上网检索，勤于查找有关读物。

七、本读物主要适宜于初中小学，高中学生亦可使用。

八、因为时间紧迫，本读物尚有很多缺点，请读者在使用时注意，并希望提出宝贵的意见。

《三字经》《百家姓》《千字文》选读

导读:《三字经》据传是南宋王应麟所作的幼学启蒙读物,其中包含了各种文史知识以及做人为学的道理。《百家姓》是用四字韵文汇编的中华姓氏集。《千字文》是南朝的周兴嗣奉诏编纂的。原来梁武帝让人在大书法家王羲之的遗墨中拓出一千个不同的字来,要求周兴嗣用它们创作一篇韵文,以便王子皇孙学习书法。周兴嗣一蹴而就,文中包含了天文地理、社会人伦等各方面的内容,而且对仗工整,文采斐然。这三本书是古代重要的儿童启蒙读物。

第一部分　我与自我

题记:真正的教育是自我教育。守真、惜时、修德,这些品质在历史的长河中,历千百年而愈发熠熠生辉。

1. 玉不琢,不成器。人不学,不知义。(《三字经》)

※ 学习对于立身成人是很重要的。就好像玉石经过雕琢,才能成为精美的器物;人通过学习,才能懂得道理。

2. 罔谈彼短,靡恃己长。信使可覆,器欲难量。(《千字文》)

※ 这段话说的是一个有修养的人需要谨记的道理:不要议论别人的缺点,也不要倚仗自己的长处任意妄为;人的诚信要经得起考验,器量要大得难以度量。

3. 墨悲丝染，诗赞羔羊。景行维贤，克念作圣。(《千字文》)

※ 墨子曾经感叹本质洁白的丝线浸了黑色的染料就变黑，《诗经·羔羊》用"羔羊之皮"来比喻君子高洁的品德。"景行"出自《诗经》"高山仰止，景行行止"，意思是要仰慕先贤高尚的品德，实践他们高尚的行为。这几句话告诉我们要向品德高尚的人看齐，不要受到不良环境的影响。

4. 笃初诚美，慎终宜令。荣业所基，籍甚无竟。(《千字文》)

※ "笃初"是说刚开始做一件事时非常诚挚认真，"慎终"是说能谨慎地把事情做到最后。庞大的基业正是要靠这种善始善终的美德，才能持续地繁荣下去。所以同学们要谨记，做事可不能虎头蛇尾。

5. 仁慈隐恻，造次弗离。节义廉退，颠沛匪亏。(《千字文》)

※ "造次"在这里是匆忙之间的意思，"颠沛"是处境困顿的意思。这段话的意思是：无论是匆忙之间还是处境困顿的时候，都不能少了仁慈、同情心、气节、道义、清廉、谦逊这些美德。

6. 性静情逸，心动神疲。守真志满，逐物意移。坚持雅操，好爵自縻。(《千字文》)

※ 一个有修养的人应该保持自己平和的本性和高雅的情操，如果"心动"(内心被外物动摇)、"逐物"(追逐物质享受)、"好爵"(贪图高官厚禄)就会精神疲惫、意志动摇、自受束缚。

7. 尺璧非宝，寸阴是竞。(《千字文》)

※ 与其贪求一尺长的玉璧，不如好好珍惜一寸光阴。珍惜时间是我们每个人都要牢记的道理。

8. 年矢每催，曦晖朗曜。璇玑悬斡，晦魄环照。(《千字文》)

※ 光阴似箭，催促着年龄增长。阳光普照大地，北斗七星在天上不断运行，月亮在夜空闪耀——跟人有限的生命相比，大自然是永恒的。

9. 容止若思，言辞安定。(《千字文》)

※ 举止应当像若有所思般从容，言辞得体稳重。当然，一个人的外在举止跟他的内在修养是分不开的。

第二部分　我与家庭

题记：和睦的家庭关系是和谐的社会关系的基础，少时懂得孝亲敬长之礼，长成方悟爱国交友之道。

1. 香九龄，能温席。孝于亲，所当执。融四岁，能让梨。弟于长，宜先知。(《三字经》)

※ 东汉的黄香九岁的时候就懂得孝顺父母，天冷的时候他用自己的身体温暖父母的床褥。孔融四岁的时候就懂得把大梨让给哥哥们，自己吃最小的。句中的"弟"通"悌"，是敬爱兄长的意思。"孝悌"是家庭中最重要的美德，也是整个社会中人伦规范的基础。试想，一个不懂得孝敬父母、尊重兄长的人，怎么可能热爱国家、真诚待友呢？

2. 昔孟母，择邻处。子不学，断机杼。(《三字经》)

※ 相传孟子的母亲为了让孟子有个良好的学习环境，曾多次搬家，最后搬到了学堂旁，孟子才变得懂礼好学。后两句是说孟子小时候有一次逃学，他的母亲就告诫他，荒废了的学业就像剪断了的布匹一样无法接续。孟子后来取得的成就跟他有这样一位善于教育的母亲是分不开的啊！

3. 窦燕山，有义方。教五子，名俱扬。(《三字经》)

※ 窦燕山是五代时的窦禹钧的号。他教子有方，五个儿子都名扬于世。

4. 养不教，父之过。教不严，师之惰。(《三字经》)

※ 如果抚养却不教导，这是父亲的过错；如果教育得不严格，这是老师责任心不强。可见，家庭教育和学校教育对于孩子的成长都有着重要的作用。

5. 高曾祖，父而身。身而子，子而孙。自子孙，至玄曾。乃九族，人之伦。(《三字经》)

※"祖"就是祖父，父亲的父亲。"曾祖"是祖父的父亲，而"高祖"指的是曾祖的父亲。"孙"是儿子的儿子，"曾孙"是孙子的儿子，而"玄孙"则是曾孙的儿子。这六代，再加上父亲、自己和儿子，一共是"九族"。中国古人特别重视家族的辈分和血统关系。

6. 父子恩，夫妇从。兄则友，弟则恭。长幼序，友与朋。君则敬，臣则忠。此十义，人所同。(《三字经》)

※父子之间有恩情，夫妻和顺。兄长爱护弟弟，弟弟敬重兄长。年长的和年幼的之间有尊卑次序，朋友之间讲诚信。君王尊重臣子，臣子忠于君王。从现代人的眼光看，这里面注重夫权的思想已经被时代抛弃了，而君臣关系也已成为历史，现在可以理解为公民与国家的关系。

7. 临深履薄，夙兴温凊。(《千字文》)

※《诗经》中有"战战兢兢，如临深渊，如履薄冰"，意思是做事要心怀敬畏，小心谨慎，在这段话中讲的是孝顺父母应有的态度。"夙兴"是"夙兴夜寐"的省略语，意思是早起晚睡。"温凊（qìng）"是"冬温夏凊"的省略语，意思是夏天为父母用扇子扇席纳凉，冬天用身体温暖父母的床褥。

8. 盖此身发，四大五常。恭惟鞠养，岂敢毁伤。(《千字文》)

※"四大"有多种说法，都代表一切事物的来源。"五常"说的是人与人的五种关系，君臣、父子、兄弟、夫妇、朋友。"恭惟"的意思是恭敬；"鞠养"是抚养的意思。爱护自己的身体是孝顺父母的基础，也是天地伦常的基础。

9. 孔怀兄弟，同气连枝。交友投分，切磨箴规。(《千字文》)

※要懂得关怀自己的兄弟，因为彼此之间气息相通，犹如枝叶相连。"孔"是"非常"的意思。交朋友应该志趣相投，彼此切磋学问，相互批评规劝。

第三部分　我与生活

题记："天人合一"是中国人的传统思维方式，我们的生活其实是人自然属性的具体表现。

1. 三才者，天地人。三光者，日月星。(《三字经》)

※ 古人所说的"三才"是天、地、人。"三光"是日、月、星，比如《清华大学王观堂先生纪念碑铭》中有"共三光而永光"的句子，意思是说王国维先生的思想与精神将同日、月、星一样永远发光。

2. 曰水火，木金土。此五行，本乎数。曰仁义，礼智信。此五常，不容紊。(《三字经》)

※ "五行"指的是"水火木金土"这五种构成宇宙万物的基本元素。古人认为"五行"观念的本源是天理。而"仁义礼智信"这"五常"则是五种基本的道德原则。"五常"可以看作是"五行"在人类社会中的具体表现。

3. 赵钱孙李，周吴郑王。冯陈褚卫，蒋沈韩杨。(《百家姓》)

※《百家姓》的作者是谁并不清楚，但学者从首句排列顺序看出它应当出自宋初五代十国的吴越（现在的江苏、浙江一带）书生之手。"赵"是宋朝的国姓，自然要排在首位。"钱"是吴越王族的姓氏，所以排在第二。"孙"是吴越王钱俶的妻子之姓，所以孙跟在"钱"的后面。而"李"排在第四，可能是因为当时与吴越相邻的南唐政权的皇帝姓李。而其后的这些姓氏都是当时江浙一带的大姓。

4. 具膳餐饭，适口充肠。饱饫烹宰，饥厌糟糠。(《千字文》)

※ "饫（yù）"的意思是饱食；"厌"通"餍"，满足的意思。准备饭食只要适合口味填饱肚子就行了。饱的时候自然要满足于大鱼大肉，肚子很饿的时候也不会嫌弃粗茶淡饭。所以小朋友们千万不能偏食，也不能暴饮暴食啊！

第四部分　我与学校

题记：学校教我求知，学校教我做人。启人智慧的卷册，书声琅琅的学堂，指明我们成才的方向。

1. 人之初，性本善。性相近，习相远。苟不教，性乃迁。(《三字经》)

※ 这段话是《三字经》的开头几句。人性本来都是善良的，但习性却千差万别，如果不加教育，本性就会变化。"人性本善"的观点是孟子最先提出的，而儒家的另一位代表人物荀子则非常强调学习的重要性。他们分别继承并发展了孔子"仁"的学说和教育学说。

2. 凡训蒙，须讲究。详训诂，明句读。(《三字经》)

※ 对幼童的启蒙教育，应当讲解清楚。"训诂"指的是解释字词的意义，而"句读（dòu）"是指文章当中的停顿，长停顿叫"句"，短停顿叫"读"。可见，读通语言文字是学习知识和道理的基础。

3. 为学者，必有初。《小学》终，至四书。(《三字经》)

※ "为学"是"做学问"的意思。刚开始学习要夯实基础，读完《小学》，才能学习"四书"。《小学》是南宋大儒朱熹指导弟子编撰的，主要内容是教导孩子明白人伦、修养德行。"四书"是《论语》《孟子》《大学》《中庸》的合称。

4. 《论语》者，二十篇。群弟子，记善言。《孟子》者，七篇止。讲道德，说仁义。(《三字经》)

※ 《论语》是一部记录孔子及其弟子言行的书，《孟子》记载了孟子与其他学派的争辩、对弟子的言传身教、游说诸侯的言论等内容。两者都是关于儒家"仁义"思想的经典读物。

5. 作《中庸》，子思笔。中不偏，庸不易。作《大学》，乃曾子。自修齐，至

平治。(《三字经》)

※《中庸》相传是孔子的孙子孔伋(字子思)所著。"中"的意思是不偏不倚,"庸"的意思是平常,"中庸"的意思是个人修养要平和适度,社会也就能和谐安定。《大学》相传是曾子(曾参)所著,主张先修养自身品性,然后才能管好家族,整治国邦,并最终平定天下。

6. 《孝经》通,四书熟。如六经,始可读。《诗》《书》《易》,《礼》《春秋》。号六经,当讲求。(《三字经》)

※《孝经》是讲述孝道、宗法思想的书。读熟了《孝经》和"四书"之后,才能开始研读《诗经》《尚书》《易经》《礼经》《乐经》《春秋》这"六经"(其中《乐经》已经失传了)。

7. 有《连山》,有《归藏》,有《周易》,三易详。(《三字经》)

※《连山易》《归藏易》《周易》被称为"三易",现在只有《周易》留存于世。"易"讲的是宇宙和人事万物变化循环的道理。

8. 有典谟,有训诰,有誓命,《书》之奥。(《三字经》)

※《尚书》是一部历史文献汇编,非常深奥难懂。典、谟、训、诰、誓、命是《尚书》中不同的文体类型,如典章制度、政令通告等。

9. 我周公,作《周礼》。著六官,存治体。(《三字经》)

※周公姓姬名旦,是周武王的弟弟,曾帮助武王伐纣,并且制礼作乐,因为他的封地在周,所以被称为周公。《周礼》相传为周公所作,是一部通过官制来表达国家政治体制的书。

10. 大小戴,注《礼记》。述圣言,礼乐备。(《三字经》)

※"大小戴"指的西汉儒学家戴德、戴圣叔侄,他们分别整理并注释了《礼记》,世称《大戴礼记》和《小戴礼记》。《礼记》详尽地记载了前人的礼乐制度。

11. 曰《国风》，曰《雅》《颂》。号四诗，当讽咏。（《三字经》）

※《诗经》中的《国风》部分属于地方上的歌谣，而《大雅》《小雅》则是周王朝直辖地区的音乐，《颂》是宗庙祭祀时的乐歌。这四个部分合起来称为"四诗"。因为《诗经》最早都是配乐演唱的，所以读的时候应当抑扬顿挫地唱诵。

12.《诗》既亡，《春秋》作。寓褒贬，别善恶。三传者，有《公羊》，有《左氏》，有《穀梁》。（《三字经》）

※《诗经》的大义衰微之后，《春秋》继而兴起。《春秋》是一部编年体史书，它的文字简练，隐含着对现实政治的褒贬和对各国善恶言行的分辨，后世把这种写法称为"春秋笔法"。解释"经"的书叫作"传"，"春秋三传"指的是《春秋左氏传》《春秋公羊传》《春秋穀梁传》。

13. 经子通，读诸史。考世系，知终始。（《三字经》）

※儒家经典和诸子思想读懂了之后，就应该读各种史书。史书能帮助我们考据朝代世系，了解王朝的盛衰兴亡之理。

14. 自羲农，至黄帝。号三皇，居上世。（《三字经》）

※伏羲氏是神话中人类的始祖，神农氏是传说中农业和医药的发明者。伏羲氏和神农氏的原型应当都是古代的部落首领。黄帝相传是中原各族的共同祖先，他姓姬，号轩辕氏，是古代华夏部落联盟的首领。后人尊称这三位帝王为"三皇"，他们生活在远古时代。

15. 唐有虞，号二帝。相揖逊，称盛世。夏有禹，商有汤，周文武，称三王。（《三字经》）

※第一句中的"唐"就是唐尧，是传说中的上古时期部落联盟首领。唐尧通过三年的考察，选择虞舜（就是"有虞"）做他的继承人。这两位领袖并称"二帝"。虞舜后来又选拔治水有功的大禹做继任者。像这样选贤继任王位的做法，叫作"禅让"。夏朝的建立者大禹，商朝的建立者成汤，周朝的建立者周武王，并称

为"三王"。

16. 夏传子，家天下。四百载，迁夏社。汤伐夏，国号商。六百载，至纣亡。（《三字经》）

※ 大禹把王位传给了儿子启，不再选贤禅让，由此夏朝建立，从此天下为一个家族所有。四百多年后，夏朝的社稷覆灭。成汤讨伐夏朝的暴君桀，建立了商朝。又过了六百多年，商朝毁在了暴君纣王的手里。

17. 周武王，始诛纣。八百载，最长久。周辙东，王纲堕。逞干戈，尚游说。（《三字经》）

※ 周武王继承了文王的遗志，诛杀了纣王，建立了周朝，周朝一共延续了八百多年。在这当中，周平王将国都从镐京东迁到了洛邑，迁都前叫西周，迁都后叫东周。东周王室无力掌控王朝的统治，各国诸侯纷纷称王称霸，谋士凭借他们的口才劝说各国诸侯采纳他们的计策。

18. 始春秋，终战国。五霸强，七雄出。嬴秦氏，始兼并。传二世，楚汉争。（《三字经》）

※ 东周分"春秋"和"战国"两个时期，"春秋"是因为编年体史书《春秋》而得名，"战国"是因为这段时期诸侯国之间连年战争而得名。齐桓公、晋文公、秦穆公、宋襄公、楚庄王是春秋时代的五个霸主，战国时代最强大的七个诸侯国是齐、楚、燕、韩、赵、魏、秦。秦王嬴政一统天下，建立了秦朝，后世称始皇帝。但秦朝传到二世胡亥时，天下又陷入混乱，开始了西楚霸王项羽和汉王刘邦相争的局面。

19. 苏老泉，二十七。始发愤，读书籍。彼既老，犹悔迟。尔小生，宜早思。（《三字经》）

※ 北宋文学家苏洵，别号"老泉"。他直到二十七岁才开始发愤读书，后来老有所成，还是后悔自己没有早点开始学习。

20. 若梁灏，八十二。对大廷，魁多士。彼既成，众称异。尔小生，宜立志。(《三字经》)

※ 五代末年的梁灏，一直到北宋年间才考中状元，这时候他已经八十二岁了。他在朝堂上回答皇帝的策问，在众多名士中一举夺魁。你们这些正当大好年华的青少年，是不是应当认真思考一下立志的问题呢？

21. 莹八岁，能咏诗。泌七岁，能赋棋。彼颖悟，人称奇。尔幼学，当效之。(《三字经》)

※ 北魏人祖莹，八岁时就能背诵《诗经》。唐代的李泌，七岁时就当着皇帝的面，以"棋"为题出口成章。他们都是聪明有悟性的人，年幼求学的孩子应当以他们为榜样。

22. 读史书，考实录。通古今，若亲目。口而诵，心而惟。朝于斯，夕于斯。(《三字经》)

※ 这段话告诉我们读史书的方法。首先必须考证翔实可靠的记载，这样才能通达古今，对史实有如亲眼目睹。读史不光要口上诵读，还要在心中思考。从早到晚专注于此，才能学有所成。

23. 昔仲尼，师项橐。古圣贤，尚勤学。赵中令，读鲁论。彼既仕，学且勤。(《三字经》)

※ 据说孔子曾经求教过年仅七岁的神童项橐。古代的圣贤尚且勤奋学习。北宋宰相赵普在做官之后，仍旧认真阅读《论语》，他曾说"半部《论语》治天下"，意思是《论语》中包含了许多治国的道理，他在阅读的过程中受益匪浅。

24. 披蒲编，削竹简。彼无书，且知勉。(《三字经》)

※ 西汉时的路温舒家里贫困，他就在放羊时用蒲草编成写字用的册子。同为西汉人的公孙弘幼年贫寒，他就在放猪时削竹片做成简册，向人借书抄在上面苦读。

25. 头悬梁，锥刺股。彼不教，自勤苦。(《三字经》)

※ 东汉的孙敬读书非常刻苦，他把头发拴在房梁上，这样一旦疲倦打瞌睡，悬在梁上的头发一拉，他就会疼得醒来。战国时的苏秦发奋苦读，为了驱走倦意，他就用锥子刺大腿来警醒自己。我们要学习古人勤学的精神，但千万不要尝试这种危险做法哦！

26. 如囊萤，如映雪。家虽贫，学不辍。(《三字经》)

※ 东晋人车胤家里穷，家里常常没有灯油供他夜读，于是他捉来许多萤火虫装在袋子里，照亮书本阅读。同为东晋人的孙康，冬夜利用积雪的反光来读书。我们东汉要学习他们苦读的精神，而不要去模仿他们的行为哦！

27. 如负薪，如挂角。身虽劳，犹苦卓。(《三字经》)

※ "薪"指的是柴草，"卓"是卓越、不同一般的意思。西汉人朱买臣靠砍柴为生，他挑柴的时候将书放在柴草担上边走边读。而隋朝的李密小时候把书册挂在牛角上，一边放牛一边读书。

28. 犬守夜，鸡司晨。苟不学，曷为人。蚕吐丝，蜂酿蜜。人不学，不如物。(《三字经》)

※ 狗会值夜看家，鸡能清晨报晓。蚕会吐丝结茧，蜜蜂辛勤酿蜜。动物尚且有各自的本领，人如果不好好学习，何以成为一个真正的人呢？

第五部分　我与社会

题记：向历史的深处，试着一窥中华文明的起源，还有那些贤臣明君的传说，我们发现，得民心者方能得天下。

1. 龙师火帝，鸟官人皇。始制文字，乃服衣裳。(《千字文》)

※ 这段话讲述的是中华文明的起源。"龙师"就是伏羲氏，相传他用龙给百官命名。"火帝"就是炎帝，相传他用火来命名百官。"鸟官"是少昊氏，传说他以

鸟为图腾,并用鸟来给百官命名。"人皇"是远古时代的神。相传黄帝的史官仓颉创造了汉字,黄帝的妻子嫘祖教百姓制作衣服。

2. **坐朝问道,垂拱平章。爱育黎首,臣伏戎羌。遐迩一体,率宾归王。**(《千字文》)

※ "垂拱"是"垂衣拱手"省略语,这里的"拱手"表示毫不费力。"平章"是辨别、彰明的意思。"黎首"就是百姓。"戎羌"泛指边地的民族。"率宾"是"率土之滨"的省略语,指的是普天之下。英明的君王坐在朝堂上询问治国之道,毫不费力就能辨别百官功劳,达成无为之治。他爱护百姓,所以边地的民族也都臣服,不管远近,都同意归顺。

3. **推位让国,有虞陶唐。吊民伐罪,周发殷汤。**(《千字文》)

※ 这段话讲述了上古时代四位贤明的君主。"有虞"就是虞舜,"陶唐"就是唐尧,他们推贤让位,选择有德有功之人做自己的继位者。周武王姬发和殷商的成汤,都有安抚百姓讨伐暴君的功绩。

4. **存以甘棠,去而益咏。**(《千字文》)

※ 西周时的召伯是官员的好榜样,他曾在甘棠树下处理政事,他离去之后百姓越发地怀念他、歌颂他,于是就把那棵甘棠树保留下来。

5. **磻溪伊尹,佐时阿衡。奄宅曲阜,微旦孰营。桓公匡合,济弱扶倾。**(《千字文》)

※ 这段话讲述了几位名垂青史的贤臣。磻溪是姜太公吕尚钓鱼的地方,他在这里遇到周文王,被拜为太师,后来辅佐周武王讨伐商纣王。伊尹原来是奴隶,被成汤授予阿衡的官职,辅佐时政。鲁国的都城曲阜建立在古奄国的土地上,如果没有周公姬旦,谁能把它营建好呢?齐桓公纠合诸侯,匡定天下,多亏管仲辅佐他,才能扶助弱国,拯救危亡。

第六部分　我与自然

题记：面朝黄土背朝天，农业孕育了浩瀚的中华文明，先民在对宇宙的仰望中，探求自然的规律。

1. 天地玄黄，宇宙洪荒。日月盈昃，辰宿列张。(《千字文》)

※ 这一段是《千字文》的开篇，从天地宇宙，日月星辰写起，气势恢宏。"玄"是天空的深青色，"黄"是大地的颜色。"洪荒"是远古宇宙蒙昧混沌的状态。"盈"是满月的意思，"昃"是太阳西斜，"日月盈昃"说的是太阳东升西落，月亮有阴晴圆缺的变化。"辰宿列张"是说天上的星宿排布有序。

2. 寒来暑往，秋收冬藏。闰余成岁，律吕调阳。云腾致雨，露结为霜。(《千字文》)

※ 这段话说的是阴阳变化在大自然和人类社会中的表现。天气由热转寒，所以百姓也就在秋天收获，冬天把粮仓屯满。纪年的历法与地球环绕太阳运行一周的时长有一定的差异，所以古人就用设置闰日或闰月的办法让历法正常施行。"律吕"是音律的统称，古人把十二个标准音中奇数的六个称为阳律，偶数的六个称为阴律，阴阳调和才能构成美妙的音乐。云气是水分遇热蒸腾所致，遇冷就会凝结成雨；露水遇到夜晚的寒气就会结成霜。

3. 稻粱菽，麦黍稷。此六谷，人所食。马牛羊，鸡犬豕。此六畜，人所饲。(《三字经》)

※ 稻子、小米、大豆、小麦、黄米、高粱，合称"六谷"。马、牛、羊、鸡、狗、猪，合称"六畜"。这些都是古代农业的基础。生活在城市里的同学很容易五谷不分哦。

4. 治本于农，务兹稼穑。俶载南亩，我艺黍稷。(《千字文》)

※ 治国的根本在于农业，所以必须致力于耕种和收获。"俶载"是开始的意思。要在农田里认真种植各种庄稼。

《弟子规》《朱柏庐治家格言》选读

导读：《弟子规》原名《训蒙文》，清朝康熙年间秀才李毓秀所作。全篇由总叙、入则孝、出则悌、谨、信、泛爱众、亲仁、余力学文等部分组成。三字一句，两句或四句连意，适合儿童及青少年阅读，思考如何从日常生活点滴做起，逐步接近儒家的理想人格。《朱柏庐治家格言》作者朱用纯，明朝万历年间人。全文五百多字，广采以孔孟之道为主的处世方法，总结治家、教育的经验。

第一部分　我与自我

题记：有道是"人比人，气死人"，但你是否经常关注到人和自己的关系呢？

1. 入虚室，如有人。(《弟子规》)
※ 此句可视作"君子慎其独也"的大众版。

2. 唯德学，唯才艺，不如人，当自砺。(《弟子规》)
※ 德学、才艺不如人时，首先要自省，接着要自砺。砥砺本义为磨刀石，作为动词用时，指在磨刀石上磨，将自己当成一把有潜力的利刃，锻造之，假以时日，定能成才。

3. 若衣服，若饮食，不如人，勿生戚。(《弟子规》)
※ 若，在这里是"比如"的意思，衣服饮食之类外在之物不如别人，大可不

必悲伤。在吃的、用的、穿的、戴的方面攀比，古已有之。但我们明白古人的教诲后，以"德学才艺"之不足感到惭愧，转移视线，由他人到自我，既可集中精力，又可平衡心态，何乐不为？

4. 过能改，归于无，倘掩饰，增一辜。（《弟子规》）

※ 辜，罪过。有人说过，年轻人犯错，上帝都会原谅。犯错改过最终没有人会记得你的错，但我们往往选择掩饰错误，这一举动加上之前的错误，就会变成双重罪责。因此我们必须勇敢面对错误，及时纠正，不在同一个地方跌倒两次。

5. 勿自暴，勿自弃。圣与贤，可驯致。（《弟子规》）

※ 人们追求自我提升的过程中难免遇到低谷，此时容易自暴自弃。《弟子规》安慰大家：圣贤并非遥不可及。驯致，表示在循序渐进中达到的意思。

第二部分　我与家庭

题记：至亲的人之间往往会忽略一些礼仪规范，因为太熟悉了。老吾老以及人之老，幼吾幼以及人之幼，我们当重视"孝悌"和"兄友弟恭"。

1. 父母呼，应勿缓。父母命，行勿懒。（《弟子规》）

※ 当下，我们不提倡对父母惟命是从，因为个体人格独立。但日常父母让我们整理房间、赶紧来吃饭等，应反应迅速。

2. 父母教，须敬听。父母责，须顺承。（《弟子规》）

※ 父母的责备批评无不带着关切，有时尽管啰嗦了些，却别忘了他们诚挚的爱。

3. 出必告，反必面。（《弟子规》）

※ 你去上学前跟父母道别吗？回家让父母看一眼确认你安然无恙吗？

4. 亲所好，力为具。亲所恶，谨为去。(《弟子规》)

※ 为父母所喜之事努力，不见得体现在物质上，对青少年而言，更实际的是行为。如父母好整洁，可否养成每天自己叠被、整理书桌的习惯？

5. 身有伤，贻亲忧。德有伤，贻亲羞。(《弟子规》)

※ 这句提醒我们，保护好自己的身体可以少使父母操心，同样，德行上若亏缺，给父母带去羞耻感，你也不愿意、不忍心吧。日常的小恶埋伏在我们身边，如课堂小测验里的偷看，说谎、偷懒、逃体育课等，想到父母，你会自然引以为戒。

6. 亲有过，谏使更。怡吾色，柔吾声。(《弟子规》)

※ 父母犯错，可以提醒，但要像个小辈提醒长辈的样子。得理不让人是市井气的表现，何况对方还是最爱你的人。

7. 兄道友，弟道恭。兄弟睦，孝在中。(《弟子规》)

※ 在以大家庭聚族而居形式生活的古人来说，家和万事兴里的"和"包括兄友弟恭，这个成语的反义词是兄弟阋墙。

8. 长幼内外，宜法肃辞严。(《朱柏庐治家格言》)

※ 次序乃维持社会运行的一个不可缺少的齿轮。

第三部分　我与学校

题记：学习中阅读、思考、质疑、解惑等环节环环相扣。当志存高远，以古圣贤为榜样，端正学习态度，事半功倍。

1. 子孙虽愚，经书不可不读。(《朱柏庐治家格言》)

※ 经书在古代有狭义和广义之分，狭义的"四书五经"中的"五经"为《周易》《诗经》《尚书》《礼记》和《春秋》。广义的经书则包括各种儒家学派的典籍。

2. 读书志在圣贤，为官心存君国。(《朱柏庐治家格言》)

※ 在儒家看来，读书的目标很明确：修身成圣贤，治国平天下。

3. 泛爱众，而亲仁。有余力，则学文。(《弟子规》)

※ 老吾老以及人之老，幼吾幼以及人之幼，就是"泛爱众"的具体表现，先做一个"仁"者，学习如何吟诗作对、填词作赋，都还在其次。

4. 勿畏难，勿轻略。(《弟子规》)

※ 战略上藐视，战术上重视。

5. 读书法，有三到：心眼口，信皆要。方读此，勿慕彼。此未终，彼勿起。(《弟子规》)

※ 信，确实。南宋朱熹对"三到"的详细阐释为："读书有三到，谓心到，眼到，口到。心不在此，则眼不看仔细，心眼既不专一，却只漫浪诵读，决不能记，记亦不能久也。三到之中，心到最急。"正读到这一页，又轻易去翻那一页，这是典型的浮躁表现。现在很多人只顾买书，不知读书。读了三分之一、四分之一就放下了，不能做到有始有终，真要不得。

6. 心有疑，随札记。就人问，求确义。(《弟子规》)

※ 读书时发现不懂的，或不同意作者观点的，可以随手做记号。古人有眉批、夹注等不少实用的读书方法。就：靠近。另外，开口请教往往比自己埋头苦思效率更高。寻找确切的意思是个过程，在不断的求问求证中，自己可以获得更多。

7. 非圣书，屏勿视。敝聪明，坏心志。(《弟子规》)

※ 孔子说过，非礼勿视，远离圣贤之道的书籍，摒弃不看，因为那些离经叛道的言论会阻滞心灵趋向美好，为悟性蒙上一层灰。

第四部分　我与社会

　　题记：三教九流组成了社会，与各种各样的人打交道是日常生活的必要组成部分，底线不能踩，规则不能忘。分寸掌握得当，能使你的生活融洽、和睦。

　　1. 与肩挑贸易，勿占便宜；见贫苦亲邻，需多温恤。(《朱柏庐治家格言》)
　　※ 走街串巷做小买卖的讨生计不易，不可占其便宜。力所能及帮助街坊，能给人送去暖意。

　　2. 见富贵而生谗容者最可耻，遇贫穷而作骄态者贱莫甚。(《朱柏庐治家格言》)
　　※ 这两句批评得很重。孔子云：巧言令色，鲜矣仁。在金钱权力面前奴颜婢膝的人可谓不要脸，翻脸比翻书还快，见到陷于困境者，则趾高气扬，没有比这更人格卑下的了。

　　3. 处事戒多言，言多必失。(《朱柏庐治家格言》)
　　※ 祸从口出，病从口入。

　　4. 勿恃势力而凌逼孤寡，勿贪口腹而恣杀生禽。(《朱柏庐治家格言》)
　　※ 凌，欺负，侮辱。恣，放纵，随意。人要有悲悯之心，不可听从自己无节制的口腹之欲。

　　5. 轻听发言，安知非人之谮诉，当忍耐三思；因事相争，安知非我之不是，须平心暗想。(《朱柏庐治家格言》)
　　※ 谮，说别人的坏话。大家都知道三人成虎的故事，不辨是非轻信人言的后果可能很严重。与人发生分歧固然难免，但责任不一定总在对方，要冷静。

　　6. 施恩无念，受恩莫忘。(《朱柏庐治家格言》)
　　※《圣经》里有一句耶稣的训诫：施比受更有福。同学们可以仔细回想一下，

你给予别人时收获的成就感（比如指导同桌解出一道数学难题）。滴水之恩涌泉相报，是要我们把别人对自己的好刻在心板上，积累出多多的人间善意。

7. 人有喜庆，不可生妒忌心；人有祸患，不可生喜幸心。善欲人见不是真善，恶恐人知便是大恶。(《朱柏庐治家格言》)

※ "作秀"一词近年来非常流行，某些作秀的慈善家显然没有读过《朱柏庐治家格言》中这句"善欲人见不是真善"。这与"慎独"也是一脉相承的。

8. 或饮食，或坐走，长者先，幼者后。(《弟子规》)

※ 同学们有没有注意过餐桌礼仪和电梯礼仪。无论是集体用餐，还是日常在家吃饭，你意识到过须等长者先动筷，自己作为幼者才可以举箸吗？平时进出电梯，可有礼让老者、长者的习惯吗？

9. 称尊长，勿呼名。对尊长，勿见能。(《弟子规》)

※ 尊长，在你心目中包括哪些人？除了亲戚中的长辈，对学校里的老师，你大概对直呼其名习以为常了吧，在师道尊严的古代，这可是大忌哦。在尊长面前卖弄也是可笑的。

10. 长者立，幼勿坐。长者坐，命乃坐。尊长前，声要低。低不闻，却非宜。(《弟子规》)

※ 如果读过《红楼梦》中一大家子用餐的片段，细心的同学会发现，婆婆坐着的时候，媳妇儿是不能坐的。比如贾母坐着，王夫人就得侍立在侧布菜伺候。长辈让你坐你才能坐。接着上句"对尊长，勿见能"，在尊长面前音调高八度很不礼貌，但应答的声音轻得听不到也是走向另一个极端了，应当不卑不亢。

11. 用人物，须明求，倘不问，即为偷。借人物，及时还，后有急，借不难。(《弟子规》)

※ 不告而拿就叫偷。有借有还再借不难。

12. 凡出言，信为先。诈与妄，奚可焉？(《弟子规》)

※ 要么不说，说出的话就要负责任，对人许诺也要守信用。撒谎、夸大，都是大忌。

13. 话说多，不如少。惟其是，勿佞巧。(《弟子规》)

※ 谨言慎行，言多必失。本着实事求是的原则，既不要人云亦云，也不可巧舌如簧。

14. 奸巧语，秽污词，市井气，切戒之。(《弟子规》)

※ 语言是一个人道德修养的外在体现，如今很多同学不注意言辞，动不动就冒出粗话乃至脏话，甚至还不知不觉，或觉得赶个时髦有什么大不了的，殊不知无形中将自己矮化，将别人贬损，有百害而无一利。市井气，则更是读书人应当时时警惕并远离的，如见钱眼开、见利忘义等。

15. 见未真，勿轻言。知未的，勿轻传。(《弟子规》)

※ 眼见为实都不能保证百分之百，更何况还是没在现场瞧准了的。的，确切。没有真凭实据的话，即为谣言，一旦散播开去如覆水难收，所以现在网络上提倡勿信谣传谣。

16. 见人善，即思齐。纵去远，以渐跻。见人恶，即内省。有则改，无加警。(《弟子规》)

※ 见贤思齐相信大家都不陌生。纵使离开"圣贤"的境界还远，也别丢弃了周杰伦《蜗牛》中一步步向上爬的精神头。对于别人的不良言行，第一反应不是指责，不是倨傲，而是叩问自己，有则改之，无则加勉，提高警惕。

17. 闻誉恐，闻过欣。直谅士，渐相亲。(《弟子规》)

※ 对待荣誉的态度，反映出一个人的品行，不仅要谦虚，古人认为还应带点儿惧怕，唯恐声闻过情。相应地，听到别人指出自己不足之处，则很高兴，改正之门打开了嘛。友直友谅友多闻则是孔子教导弟子的三项交友法则。友直：立身

正、行事端的朋友；友谅：守信用、诚实的朋友；友多闻：学问广博、见识丰富的朋友。

18. 人有短，切莫揭。人有私，切莫说。道人善，即是善。人知之，愈思勉。(《弟子规》)

※ 哪壶不开提哪壶说的就是揭人短。现在，大家对隐私也很重视，张家长李家短是正人君子所不齿的。多夸赞别人，激发别人的向善之心，形成良性的人际互动，岂不皆大欢喜？

19. 凡取与，贵分晓。与宜多，取宜少。将加人，先问己。己不欲，即速已。(《弟子规》)

※ 已，停止。与人分享的时候可不能小气，向人求借的时候则要适可而止。

第五部分　我与生活

题记：饮食、坐卧这些"小"事儿中也蕴含着"大"道理。"一屋不扫何以扫天下"想必同学们都不陌生，家庭教育不可忽略细节。

1. 黎明即起，洒扫庭除，要内外整洁。(《朱柏庐治家格言》)

※ 古人对日常作息非常重视，讲究规律。与我们当下不同的是，在没有电灯、没有网络的情况下，工作学习都服从于自然的运行法则。即使清朝皇帝都是21点入睡早5点起床观书待旦。洒扫庭除则是儿童日常功课之一。外部的干净，有助于梳理内心，整饬精神。

2. 一粥一饭，当思来处不易；半丝半缕，恒念物力维艰。(《朱柏庐治家格言》)

※ 恒，常也。"衣食住行"的排序中穿衣最初为了御寒蔽体，吃饭最初为了补充精力，这两样都需要依靠他人纺的布匹、种的米粮，所谓"谁知盘中餐，粒粒皆辛苦"。

3. 饮食约而精，园蔬愈珍馐。（《朱柏庐治家格言》）

※ 约，简单，有节制。珍馐，山珍海味。吃的量不多，制作考究，搭配合理，自家园子种的蔬菜赛过大鱼大肉。

4. 晨必盥，兼漱口。便溺回，辄净手。（《弟子规》）

※ 别看古人没有自来水、淋浴器，及时盥洗的卫生习惯早就有。

5. 冠必正，纽必结。袜与履，俱紧切。（《弟子规》）

※ 不恰当的穿衣方式背后折射出有失严谨的生活态度。即使便装，也要讲究搭配和整洁。

6. 对饮食，勿拣择。食适可，勿过则。（《弟子规》）

※ 挑食是个坏习惯，暴饮暴食也要不得。

7. 年方少，勿饮酒。饮酒醉，最为丑。（《弟子规》）

※ 小孩子不该饮酒，因为不懂节制，喝醉以后无论是胡言乱语还是呕吐犯困，都很难看。

《增广贤文》选读

导读：《增广贤文》以佳句、韵文选编而成，内容十分广泛，从礼仪道德、典章制度到风物典故、天文地理，几乎无所不含，中心是讲人生哲学、处世之道，语句通顺易懂。人称"读了《增广》会说话，读了《幼学》走天下"。

本篇选择了其中表达通俗上口、道理平实又深刻的113句，按内容分为六个部分，以"人"为中心，从"我与自我""我与家庭""我与学校""我与社会""我与生活""我与自然"的角度来总结人生经验，对今人加以劝诫警示或引导启迪。

第一部分　我与自我

题记：每个人的生命只有一次，这"一次"的时间既漫长又短暂。那么，如何让自己感受到生命的愉悦、幸福，从而拥有一个有意义的人生呢？

1. 莺花犹怕春光老，岂可教人枉度春？

※ 枉：白白的，徒然。

2. 红粉佳人休使老，风流浪子莫教贫。

※ 青春的意义在于雄飞，人生不能虚度，一定要爱惜自己的青春。

3. 枯木逢春犹再发，人无两度再少年。

※ 青春是短暂的，她像大自然的春天般美好，但不可能像春天一样年复一年，

有重来的可能。

4. 少壮不努力，老大徒伤悲。

※ 徒：徒劳。

5. 一年之计在于春，一日之计在于寅。一家之计在于和，一生之计在于勤。

※ 寅：古人以两个小时为一时辰，寅时约为凌晨3—5点。

6. 学者是好，不学不好。

※ 终身学习是让人生充实而有意义的最佳途径。

7. 学者如禾如稻，不学如草如蒿。

※ 蒿：一种植物，一般引申为杂草。学习决定了我们人生的价值哦！

8. 人无远虑，必有近忧。

※ 人如果不作长远的打算，一定就会有眼前的忧患。

9. 人老心未老，人穷志莫穷。

※ 岁月已逝，人生无常，我们能保留的只有自己一颗坚韧的心。

10. 自重者然后人重，人轻者便是自轻。

※ 常关照自己的内心，才能获得别人的认可。

11. 勤俭持家富，谦恭受益多。

※ 行事谨慎低调，人生获益多多！

12. 百岁无多日，光阴能几时？

※ 生命有限，价值无限，把有限的生命投入到无限的价值创造中去吧！

13. 量大祸不在，机深祸亦深。

※ 水晶一样透明的心灵才能折射更美丽的色彩，宽容的人生才有更多的精彩！

14. 人过留名，雁过留声。

※ 有价值的生命就是穿过岁月，还能留给别人一种怀念、一点精神、一丝敬仰。

15. 岂能尽如人意？但求不愧吾心。

※ 世上没有完美之事、完美之人，成败得失坦然面对，只求问心无愧。

16. 一日不可无常业，安闲便易起邪心。

※ 忙碌亦是充实，安闲也是懒散。积极做事，淡定追求！

17. 家贫出孝子，国乱显忠臣。

※ 乱世出英雄，危难见真情！

18. 未来休指望，过去莫思量。

※ 活在当下，珍惜眼前。

19. 久利之事莫为，众争之地莫往。

※ 理智冷静，不被利益冲昏头脑，真正的成功者是耐得住寂寞的。

20. 自己跌倒自己爬，望人扶持都是假。

※ 独立自强，人生才能绝地反击，永不迷失自我！

21. 宁在人前全不会，莫在人前会不全。

※ "满瓶不动半瓶摇"是一种轻率的炫耀，不急于展示的人往往才是最有底气的。

22. 父母养其身，自己立其志。

※ 生命得之于父母，但走怎样的人生之路取决于自己。

23. 成名每在穷苦日，败事多因得意时。

※ "生于忧患，死于安乐"，困境激发斗志往往比顺境保持低调容易多了。

24. 静坐常思己过，闲谈莫论人非。

※ "日三省乎己"远比"闲谈他人过"要有意义得多。

25. 过则无惮改，独则毋自欺。

※ 人最需面对的还是自己，无论是自己的过错还是孤独的内心，正视它、纠正它，便是成长。

26. 宁可正而不足，不可斜而有余。

※ 为人宁愿正直地安贞守拙，也不可靠邪门歪道谋取盈余。

27. 乐不可极，乐极生哀；欲不可纵，纵欲成灾。

※ "物极必反"是顺应自然规律的真理，凡事的"度"便是人生祸福的"杠杆"。

28. 自处超然，处人蔼然。得意淡然，失意泰然。

※ 蔼然：亲切和气。对己对人，自信有礼。成败得失，宠辱不惊。

29. 知足常足，终身不辱；知止常止，终身不耻。

※ 懂得分寸，懂得自律的人才能为自己争得尊严。

30. 勿偏信而为奸所欺，勿自任而为气所使。

※ 冷静分析、理性自控，看似约束了自己，实际保护了自我。

31. 志宜高而身宜下，胆欲大而心欲小。

※ 战略上藐视，战术上重视，胆大而心细，怎能不所向披靡？

32. 芝兰生于深林，不以无人而不芳；君子修其道德，不为穷困而改节。

※ "芝兰"喻"君子"，无论身处怎样的外界环境都能保持自己独立的品行、人格、气节。

33. 得宠思辱，居安思危。

※ 人生难免一波三折，要保持一颗淡定平和的心才能应对晴雨四季呀！

34. 许人一物，千金不移。

※ "君子一言快马一鞭"，"承诺"是世上最值钱的东西！

第二部分　我与家庭

题记："家"是什么？不是屋子，不是资产，而是港湾。家在哪里？亲人在哪里，家就在哪里。父母需尽孝，兄弟需互助，夫妻需惜缘，子孙需呵护。

1. 当家才知盐米贵，养子方知父母恩。

※ 方：才。只有体验了角色，才能真正懂得亲情的不易。

2. 常将有日思无日，莫把无时当有时。

※ "人无远虑，必有近忧"，未雨绸缪的远见不可少！

3. 树欲静而风不止，子欲养而亲不待。

※ 古人贵"朝闻夕死"的决心，如今需要"心动不如行动"的孝心！

4. 不求金玉重重贵，但愿儿孙个个贤。

※ 长辈们的最大心愿永远是儿孙有出息啊！

5. 一日夫妻，百世姻缘。

※ 有时，也许"只因为多看了你一眼"的缘分便成就了两个人、一个家的爱的一生。

6. 百世修来同船渡，千世修来共枕眠。

※ 人生何处不相逢，相逢何必曾相识？惜缘，是我们唯一能做到的。

7. 孝顺还生孝顺子，忤逆还生忤逆儿。

※ 因果回报未必真，榜样示范不可少。

8. 天下无不是的父母，世上最难得者兄弟。

※ 可怜天下父母心！血脉亲情是心底永远割舍不了的珍宝。

9. 千经万典，孝义为先。

※ "百事孝为先"，人之所以为人，最该感恩的便是给予我们生命的父母！

10. 父子和而家不退，兄弟和而家不分。

※ "家和百事兴"，家庭的和睦就是亲情的和谐，就是事业成功的基石。

11. 孝莫假意，转眼便为人父母。

※ 生命延续的不仅是血脉，更重要的是家风！

12. 父子竭力山成玉，弟兄同心土变金。

※ 本是同根，同心协力，其利断金。

13. 浪子出于祖无德，孝子出于前人贤。

※ 家庭教育的重要性古人早就认识到啦！

14. 早把甘旨勤奉养，夕阳光阴不多时。

※ 尽孝要趁早，这是如今我们在快节奏的生活中常常忽略的一个最简单的道理。

第三部分　我与学校

题记：人生漫长又短暂，我们无法改变生命的长度，但可以拓展宽度、挖掘深度。工具是什么？唯读书勤学是也！

1. 仓廪虚兮岁月乏，子孙愚兮礼仪疏。

※ 物质影响生活质量，知识折射素质修养。

2. 听君一席话，胜读十年书。

※ 知识的来源非书本一处，生活处处有知识，交流亦能增广见闻！

3. 人不通今古，马牛如襟裾。

※ 襟裾：衣的前襟或后襟，此处借指衣裳。此句意为：人若不懂得历史，就只能像穿着衣裳的牛马一般了。所以，学习能帮助"进化"哦！

4. 人生一世，草长一春。

※ 人也好，草也罢，我们的生命都有尽头。那么，该如何珍惜、如何度过呢？

5. 黑发不知勤学早，转眼便是白头翁。

※ "黑""白"变化间，就是我们的一生啊！珍惜光阴，创造生命的价值吧！

6. 月过十五光明少，人到中年万事休。

※ "夕阳无限好，只是近黄昏"，既然岁月易逝，也就"唯少时之岁月为可惜"了。

7. 一日为师，终生为父。

※ 尊师重教自古有之，"师者，所以传道授业解惑也"，于人生而言，为父

何过？

8. 读未见书如逢良友，见已读书如逢故人。

※ 未知使人探索，温故使人提升。不停止读书就会使人进步！

9. 勤奋读，苦发奋，走遍天涯如游刃。

※ 学海无涯苦作舟，若艰苦的付出能把我们的心灵渡到幸福彼岸，你会如何选择？

10. 待有余而济人，终无济人之日；待有闲而读书，终无读书之时。

※ 时间不分早晚，想挤才有；能力不分大小，愿做就行。

11. 博学而笃志，切问而近思。

※ 笃：坚守，忠实。博览群书广泛学习，而且能坚守自己的志向，恳切地提问，多考虑当前的事。这是如今复旦大学的校训！

12. 勿因群疑而阻独见，勿任己意而废人言。

※ 尊重他人，坚守自我，矛盾吗？其实这恰恰是自信与谦虚的和谐统一呀！

13. 好问则裕，自用则小。

※ "刚愎自用"就是"坐井观天"，给自己画了个圈圈，人生怎能"海阔天空"？

14. 欲知天下事，须读古今书。

※ "书中自有天下事"呀，博览群书可以带领我们穿越古今、纵横天下啊！

第四部分　我与社会

题记：人无德不立，国无德不兴。个体的品德素养无论对自己还是对别人，乃至对整个国家、整个民族都是何等的重要。

1. 知己知彼，将心比心。
※ 这就是换位思考、善解人意的人哦！

2. 酒逢知己饮，诗向会人吟。
※ 会人：能够理解的人。会：领悟，理解。

3. 相识满天下，知心能几人？
※ 人生真正结交一个志同道合、推心置腹、患难与共、生死相依的朋友不易。

4. 相逢好似初相识，到老终无怨恨心。
※ "人生难得一知己"的感叹！偶得知己，弥足珍惜！

5. 责人之心责己，恕己之心恕人。
※ 这就是所谓的"严于律己，宽以待人"的同理心吧！

6. 守口如瓶，防意如城。
※ "守信"的一个重要内容就是"守密"哦！"意"是自己可怕的欲念啊！

7. 宁可人负我，切莫我负人。
※ 负：辜负。相信以诚待人的人即使被辜负也会"吃亏是福"的。

8. 求人须求大丈夫，济人须济急时无。
※ "求人"与"济人"都是要有原则，要用智慧的噢！

9. 久住令人贱，频来亲也疏。

※"君子之交淡如水"，此情方可长久深啊！"距离产生美"的审美哲学看来古已有之啊！

10. 酒中不语真君子，财上分明大丈夫。

※"君子"定不能"酒后吐真言"，"大丈夫"也得会"理财"哟！

11. 人恶人怕天不怕，人善人欺天不欺。

※"人在做，天在看"，人人心里都有那"一杆秤"——良心。

12. 善恶到头终有报，只盼来早与来迟。

※人间自有公道，善恶终有评判。

13. 为善最乐，作恶难逃。

※"赠人玫瑰手有余香"，与人善便是与己善，与人恶便是与己恶。

14. 人有善愿，天必佑之。

※善良的人必有福报，内心"大善"能使自己心情愉悦，这不是最大的"福"么？

15. 君子爱财，取之有道。

※道：正确的方式方法。钱也好，财也罢，决不能使自己失去良心底线哦！

16. 贞妇爱色，纳之以礼。

※爱美之心，人皆有之。守礼追求更易成功哦！

17. 善事可做，恶事莫为。

※"勿以善小而不为，勿以恶小而为之"呀！

18. 善为至宝深深用，心作良田世世耕。

※ 一生为善，坚守良心，代代传承，永不耗尽！

19. 金凭火炼方知色，与人交财便知心。

※ 事物都有"软肋"，能战胜自身弱点就必有值得关注的"亮点"。

20. 口开神气散，舌出是非生！

※ 沉默是金，不言不语却能不怒自威，这是一种境界！

21. 人言未必犹尽，听话只听三分。

※ 人云亦云是盲从，把话说尽是冲动。说话做事，尽在分寸掌握。

22. 甘草味甜人可食，巧言妄语不可听。

※ "良药苦口利于病"，甜言蜜语未必真。要学会辨别甄选哦！

23. 治国信谗必杀忠臣，治家信谗必疏其亲。

※ 谗言如小人，远离则明，轻信则昏。

24. 能言不是真君子，善处方为大丈夫！

※ 行动永比语言有效！

25. 君子千里同舟，小人隔墙易宿。

※ "路遥知马力"，能合作长久的人才是真正的君子。

26. 当面留一线，过后好相见。

※ 遇事留条后路，对人宽容一步，于人于己，"海阔天空"。

27. 好言一句三冬暖，话不投机六月寒。

※ 表达是需要艺术的，这不是一种虚假，而是对别人、也是对自己的一种尊重。

28. 栽树要栽松柏，结交要结君子。

※ "良禽择佳木而栖"，选择怎样的朋友也折射自己有怎样的人生追求哦！

29. 作事须循天理，出言要顺人心。

※ 顺应人心就是尊重自己，顺其自然就是尊重世界。

30. 与治同道罔不兴，与乱同事罔不亡。

※ 罔：不，没有。大环境对个体的影响很大，国泰才能民安，家和才能万事兴。

31. 损友敬而远，益友亲而敬。

※ "亲贤臣""远小人"，治国之道同样适用于交友之法。

32. 内藏精明，外示浑厚。

※ "大智若愚"的智慧由此可见一斑呀！

33. 恩宜先淡而浓，先浓后淡者，人忘其惠；威宜自严而宽，先宽后严者，人怨其酷。

※ 人与人的相处需要真诚，也需要艺术哦！心理学的知识看来很重要！

第五部分　我与生活

题记：我们所经历的一切，贫穷富有、挫折成功、喜怒哀乐……都是生活赐给我们的礼物。我们应该相信它的公正，面对、思考、珍惜！

1. 富贵多忧，贫穷自在。

※ 世间万事都会有得有失，物质与精神也许就是"鱼和熊掌"的取舍噢！

2. 黄金未为贵，安乐值钱多。

※ 世上何物最贵？一颗自由而安乐的心灵。

3. 万金良药，不如无疾。

※ 健康是个无价宝，"是药三分毒"，健康的人生就是最难得的财富！

4. 莫怨自己穷，穷要穷得干净；莫羡他人富，富要富得清高。

※ 穷不必怨，富不是错，无论贫富，只要还有心底的一方净土即可。

5. 布衣得暖真为福，千金平安即是春。

※ 物质只是基础，真正的快乐不会与物质成正比，内心的幸福感与物质无关哟！

6. 勤俭为无价之宝，节粮乃众妙之门。

※ 勤俭自古是美德，但它与"吝啬"可不能划等号噢！

7. 体无病为富贵，身平安莫怨贫。

※ "健康平安"是无法用金钱创造的财富。拥有健康的人更要懂得珍惜啊！

8. 穷莫失志，富莫癫狂。

※ 穷：走投无路、绝望之时。宠辱不惊，淡定从容，有志在心，何忧贫富？

9. 吃尽美味还是盐，穿尽绫罗还是棉。

※ 对物质的极端追求归根到底还是基础，无法满足人对精神的追求啊！

10. 节食以去病，少食以延年。

※ 适量节食少吃不仅有助于身形美丽，还对健康非常重要！

11. 勿临渴而掘井，宜未雨而绸缪。

※ "未雨绸缪"是一种远见，能化被动为主动要有"远虑"的眼界哦！

12. 趋炎虽暖,暖后更觉寒增;食蔗能甘,甘余更生苦趣。

※ 经历苦难,才能体味人生之乐,躲避困难,只会越活越空虚。

13. 不汲汲于富贵,不戚戚于贫贱。

※ 汲汲:形容急切的样子,表示急于得到。"富贵不能淫,贫贱不能移",这是一种做人的气节,永远不可丢!

第六部分　我与自然

题记:自然是等待花开,聆听花落,是听伟大诗人的真情流露,是听宝贵生命的低诉。静心聆听,你听到了什么?

1. 有花方酌酒,无月不登楼。

※ "花下饮酒""月下登楼",看来古人已经很讲究"软环境"的营造了啊!

2. 秋来满山多秀色,春来无处不花香。

※ 四季轮回正如人生成长,在最好的"季节"做最好的决定和行动,生命自会精彩!

3. 瓜熟蒂落,水到渠成。

※ 万物生长都有规律,顺其自然、顺应天性。

4. 近水知鱼性,近山识鸟音。

※ "实践出真知""春江水暖鸭先知",有体验才有发言权哦!

《千家诗》选读

导读：《千家诗》成书于明代、定型于清代，是当时流传极广、影响深远的童蒙读物，共收录122位诗人的226首诗歌。全书按诗体分类，以四季节令为序，体现了农耕社会四季生活的各个侧面，可谓一部古代文人生活的微型百科全书。本篇从家庭、社会、生活、自然四个角度挑选了75首诗歌，其中自然部分最多，尤其值得关注——因为气象万千的自然，是古典诗歌最重要的灵感源泉。

第一部分　我与家庭

题记：《千家诗》里有关家庭的诗歌并不多，但这里的两首都非常亲切感人。挚情在，家在。

1. 夜合花开香满庭，夜深微雨醉初醒。远书珍重何由达，旧事凄凉不可听。去日儿童皆长大，昔年亲友半凋零。明朝又是孤舟别，愁见河桥酒幔青。（窦叔向《夏夜宿表兄话旧》）

※ 酒幔：酒旗。亲人相聚，本是让人高兴的事情。但是往事已逝，故人大半去世，不免让人难过。加之彼此很快又要分别，自然惆怅不已。

2. 打起黄莺儿，莫教枝上啼。啼时惊妾梦，不得到辽西。（金昌绪《春怨》）

※ 辽西，是指辽河以西的地方，是诗中思妇思念从军丈夫的地方，非常非常遥远，所以会让妻子想得伤心。

第二部分　我与社会

题记：离别和爱国，构成了以下 17 首诗作的主题。真挚的友谊、浓烈的爱国情，或让人温暖，或令人敬佩不已。

1. 渭城朝雨浥轻尘，客舍青青柳色新。劝君更尽一杯酒，西出阳关无故人。（王维《送元二使安西》）

※ 古人送别时喜欢折下一根柳条，取"柳"读音通"留"的含义，有惜别的意思。最后两句非常著名，因为它把空间上的巨大阻隔和情感上的无间亲密，作了巧妙而直接的对比。

2. 山外青山楼外楼，西湖歌舞几时休。暖风熏得游人醉，直把杭州作汴州。（林升《题临安邸》）

※ 汴州是北宋的首都，但这个时候被金国人占领了；杭州是南宋的首都，但大家都似乎忘了刚刚过去的劫难。贪图眼前的欢乐，是多么叫人痛心和无奈啊！

3. 烟笼寒水月笼沙，夜泊秦淮近酒家。商女不知亡国恨，隔江犹唱后庭花。（杜牧《泊秦淮》）

※《玉树后庭花》是南朝陈最后一个皇帝陈叔宝写的歌曲，亡国之音，却被不知亡国之恨的歌女缓缓唱来，真是莫大的讽刺。

4. 昔人已乘黄鹤去，此地空余黄鹤楼。黄鹤一去不复返，白云千载空悠悠。晴川历历汉阳树，芳草萋萋鹦鹉洲。日暮乡关何处是，烟波江上使人愁。（崔颢《黄鹤楼》）

※ 大诗人李白对崔颢这首诗推崇备至，曾经赞叹道"眼前有景道不得，崔颢题诗在上头"。这首诗好在哪里？前四句有物是人非的伤感，且自然流畅，没有太多修饰；后四句景色鲜明，却挡不住思乡之情，感情意切。

5. 玉露凋伤枫树林，巫山巫峡气萧森。江间波浪兼天涌，塞上风云接地阴。丛菊两开他日泪，孤舟一系故园心。寒衣处处催刀尺，白帝城高急暮砧。（杜甫《秋兴·其一》）

※丛菊两开：两次见到菊花开放，即指过了两年；一系：永系之意。秋天让人思绪万千、感慨不已，这首诗写出了四川巫峡一带的萧瑟秋景，抒发了诗人对于故乡的思念之情和对国家的关切。一直以来，这种情感都让人佩服。

6. 锦里先生乌角巾，园收芋栗未全贫。惯看宾客儿童喜，得食阶除鸟雀驯。秋水才深四五尺，野航恰受两三人。白沙翠竹江村暮，相对柴门月色新。（杜甫《与朱山人》）

※锦里：指成都；乌角巾：隐士常戴的黑色头巾。朱山人是个与世无争的真隐士，生活自然也惬意悠然。红尘之中，这样的人有几个呢？

7. 一封朝奏九重天，夕贬潮阳路八千。本为圣朝除弊政，敢将衰朽惜残年。云横秦岭家何在，雪拥蓝关马不前。知汝远来应有意，好收吾骨瘴江边。（韩愈《自咏》）

※一封朝奏：此指公元819年韩愈因为上《论佛骨表》而触怒唐宪宗，被贬为潮州刺史（今广东潮阳一带）；汝：此指韩湘，韩愈的侄孙；瘴江：泛指岭南的河流，当时岭南多瘴疠之气，故有此称。诗人因为直谏而得罪皇帝，却依然忠心思国，这是真正的爱国者的心声。

8. 赵氏连城璧，由来天下传。送君还旧府，明月满前川。（杨炯《夜送赵纵》）

※这首送别诗把友人比作价值连城的和氏璧，突出了赵纵的才华和风采。月亮洒满了他的归路，正是诗人真挚情谊的象征。

9. 游人五陵去，宝剑值千金。分手脱相赠，平生一片心。（孟浩然《送朱大入秦》）

※春秋时吴国的大夫季札出使外国，路过徐国时，他的朋友徐国国君看中了他的佩剑，但因为此剑是出使信物，季札并未当场答应。等到他回途中想要把剑

送给徐国国君时,友人却不幸身亡。季札把宝剑挂在徐君墓前,遵守了心里许下的诺言,成为后世的佳话。

10. 松下问童子,言师采药去。只在此山中,云深不知处。(贾岛《寻隐者不遇》)

※ 这位采药去的隐士真让人向往,所以见不到他,是不是一种更好的结局呢?

11. 床前明月光,疑是地上霜。举头望明月,低头思故乡。(李白《静夜思》)

※ 这首诗成为海内外华人最耳熟能详的唐诗,因为它足够直白,却足够深情。远离故乡,头顶上共同的一轮明月,激发浓烈的思念。

12. 此地别燕丹,壮士发冲冠。昔时人已没,今日水犹寒。(骆宾王《易水送别》)

※ 燕丹:这首诗借用战国时,燕国太子丹在易水边送别刺客荆轲,目送其远赴秦国行刺秦王的典故;冲冠:愤怒得头发直竖,将帽子顶起来。作者借这个典故,抒发了送别友人、再会无期的伤感。

13. 银烛吐青烟,金樽对绮筵。离堂思琴瑟,别路绕山川。明月隐高树,长河没晓天。悠悠洛阳道,此会在何年。(陈子昂《春夜别友人》)

※ 本诗第三至第六句,想象了友人路上的情境,依依不舍之情,非常动人。

14. 青山横北郭,白水绕东城。此地一为别,孤蓬万里征。浮云游子意,落日故人情。挥手自兹去,萧萧班马鸣。(李白《送友人》)

※ 班马:离群的马,此指离别的马。浮云是没有根的云,友人的行踪也同样漂泊无定,不舍和珍重,尽在一言之中。

15. 客路青山外,行舟绿水前。潮平两岸阔,风正一帆悬。海日生残夜,江春入旧年。乡书何由达,归雁洛阳边。(王湾《次北固山下》)

※ 虽然诗人身在旅途中,心情却很好,所以写出了开阔生动的美景。盛唐的

风骨与气象,于此可见一斑。

16. 城阙辅三秦,风烟望五津。与君离别意,同是宦游人。海内存知己,天涯若比邻。无为在歧路,儿女共沾巾。(王勃《送杜少府之任蜀川》)

※ 无为:不要。"存"还有一种意思是"思念、想念"。

17. 昔闻洞庭水,今上岳阳楼。吴楚东南坼,乾坤日夜浮。亲朋无一字,老病有孤舟。戎马关山北,凭轩涕泗流。(杜甫《登岳阳楼》)

※ 坼:分开,此指吴楚两地被湖水分开。第五、第六句话写出了诗人孤苦无依、身患重病的痛苦,尽管如此他还想着北方的战事。这就是"诗圣"情怀。

第三部分 我与生活

题记:以下10首诗大都和传统节日相关,不同的节日有不同的风俗,不同的诗人也有不同的喜怒哀乐。

1. 爆竹声中一岁除,春风送暖入屠苏。千门万户曈曈日,总把新桃换旧符。(王安石《元日》)

※ 屠苏:一种美酒。唐宋时人们在正月初一饮屠苏酒,来除灾避邪。当然,这只是一种象征的做法。

2. 清明时节雨纷纷,路上行人欲断魂。借问酒家何处有,牧童遥指杏花村。(杜牧《清明》)

※ 有美酒驱散清明时节的纷纷细雨和心中的惆怅伤感,也算别有情致。

3. 鹅湖山下稻粱肥,豚栅鸡栖对掩扉。桑柘影斜春社散,家家扶得醉人归。(王驾《社日》)

※ 春社:古代祭祀土神、五谷神,按其季节称为春社与秋社。春社祭祀祈求五谷丰登,有饮酒的习俗。

4. 春城无处不飞花，寒食东风御柳斜。日暮汉宫传蜡烛，轻烟散入五侯家。（韩翃《寒食》）

※ 寒食：相传春秋时晋文公为纪念被他误杀的重臣介子推，下令在他被烧死的那天禁火寒食，以寄哀思，后沿袭成俗；传蜡烛：寒食夜，朝廷特别赏赐烛火，以示恩宠。"轻烟"一词，把宫廷和民间巧妙联系起来了。

5. 昼出耘田夜绩麻，村庄儿女各当家。童孙未解供耕织，也傍桑阴学种瓜。（范成大《田家》）

※ 绩麻：搓麻线。诗人并非总是坐在书斋里看书写诗，他们也关心农村的忙碌生活。农民辛勤劳作，同时也有快乐的气氛。

6. 绿遍山原白满川，子规声里雨如烟。乡村四月闲人少，才了蚕桑又插田。（翁卷《村居即事》）

※ 看多了"闲"诗，再看这首"忙"诗，不禁要为农民的辛苦点赞，也为诗人的妙笔鼓掌。

7. 未会牵牛意若何，须邀织女弄金梭。年年乞与人间巧，不道人间巧几多。（杨朴《七夕》）

※ 诗人别出心裁，说道人间机巧已经太多了，不需要织女再传授巧心了。显然这是一种讽刺：世人的心机已经那么深了，还需要织女吗？

8. 佳节清明桃李笑，野田荒冢只生愁。雷惊天地龙蛇蛰，雨足郊原草木柔。人乞祭余骄妾妇，士甘焚死不公侯。贤愚千载知谁是，满眼蓬蒿共一丘。（黄庭坚《清明》）

※ 人乞祭余：出自《孟子》的典故，形容困窘或为谋利不择手段。黄庭坚写这首诗的时候，被贬谪到偏僻的广西，所以对于那些摇尾乞怜的乞讨者充满鄙夷，对大义凛然的殉道者充满崇敬。人如果遭遇挫折，有时反而变得更清醒。

9. 老去悲秋强自宽，兴来今日尽君欢。羞将短发还吹帽，笑倩旁人为正冠。蓝水远从千涧落，玉山高并两峰寒。明年此会知谁健，醉把茱萸仔细看。（杜甫《九日蓝田会饮》）

※倩：请；茱萸：一种植物，有浓烈香味，旧时风俗，每逢重阳节佩戴茱萸，饮菊花茶，据说可以消灾灭祸，延年益寿。重阳节佩戴茱萸，本是欢乐之事。但是诗人却想到了"人生不如意者十之八九"的感伤。

10. 谁家吹笛画楼中，断续声随断续风。响遏行云横碧落，清和冷月到帘栊。兴来三弄有桓子，赋就一篇怀马融。曲罢不知人在否，余音嘹亮尚飘空。（赵嘏《闻笛》）

※三弄：同一段曲调反复演奏三次，指桓伊为王徽之演奏的笛曲；桓子：指东晋的桓伊，善音乐；马融：东汉人，才学博洽，雅好音乐，著有《长笛赋》。这首诗用了拟人、夸张、通感等手法形象写出了笛声的高昂和回味无穷，无形的声音在这里变得生动可感。

第四部分　我与自然

题记：自然万物，是诗人们最喜欢描写的对象，也最能激发出他们的内在情感。春夏秋冬，山水田园，到处寄托着他们的个性。

1. 胜日寻芳泗水滨，无边光景一时新。等闲识得东风面，万紫千红总是春。（朱熹《春日》）

※泗水：山东中部的一条河流，孔子常在泗水边聚徒讲学。等闲：寻常，随便，到处。

2. 春宵一刻值千金，花有清香月有阴。歌管楼台声细细，秋千院落夜沉沉。（苏轼《春宵》）

※春夜迷人，月色花香。楼台传来一阵阵若有若无的歌乐声，架着秋千的庭院沉浸在一片茫茫的夜色中。

3. 诗家清景在新春,绿柳才黄半未匀。若待上林花似锦,出门俱是看花人。(杨巨源《城东早春》)

※ 上林:汉代皇家园林之名,故址在陕西省西安市。一"才"一"待","早春"便活灵活现了。

4. 金炉香尽漏声残,剪剪清风阵阵寒。春色恼人眠不得,月移花影上栏杆。(王安石《春夜》)

※ 剪剪:形容春风轻微。"月移花影",寥寥四字,意蕴悠长。

5. 天街小雨润如酥,草色遥看近却无。最是一年春好处,绝胜烟柳满皇都。(韩愈《初春小雨》)

※ 酥:奶酪。初春的小草鲜嫩淡雅,真是萌萌的。

6. 两个黄鹂鸣翠柳,一行白鹭上青天。窗含西岭千秋雪,门泊东吴万里船。(杜甫《绝句》)

※ 寻常之物,在诗人眼里尽是开阔、大气的美景,这便是胸襟和气度。

7. 东风袅袅泛崇光,香雾空蒙月转廊。只恐夜深花睡去,故烧高烛照红妆。(苏轼《海棠》)

※ 崇光:高贵华美的光泽。夜深无人,诗人突然与海棠花有了精神上的交流,如此痴情,才能体会非凡的快乐。

8. 千里莺啼绿映红,水村山郭酒旗风。南朝四百八十寺,多少楼台烟雨中。(杜牧《江南春》)

※ 总觉得这首诗最能传达古典江南之美:因为烟雨蒙蒙,一切都看不清楚,却还保留着一点轮廓,鸟鸣依然清脆、春风总是微冷,让人情不自禁地神思。

9. 古木阴中系短篷，杖藜扶我过桥东。沾衣欲湿杏花雨，吹面不寒杨柳风。
（僧志南《绝句》）

　　※ 不嫌弃雨水打湿了衣服，也不觉得初春微风的寒冷。春天到了，就是这么喜悦！

10. 应怜屐齿印苍苔，小扣柴扉久不开。春色满园关不住，一枝红杏出墙来。
（叶绍翁《游园不值》）

　　※ 一枝红杏相比满园春色，其实是不足道的。但是失落之中的一点明艳，反而更让人珍惜和惊喜。人生坎坷时，是否也如此呢？

11. 寻得桃源好避秦，桃红又是一年春。花飞莫遣随流水，怕有渔郎来问津。
（谢枋得《庆全庵桃花》）

　　※ 诗人很"吝啬"，连一片花瓣也不舍得外流，唯恐外人找到桃源、打破独居的宁静气氛。与其说是"隐士情怀"，不如说是"诗家情怀"。

12. 独怜幽草涧边生，上有黄鹂深树鸣。春潮带雨晚来急，野渡无人舟自横。
（韦应物《滁州西涧》）

　　※ 草幽树深，鸟鸣雨急——自然的生命力那么旺盛，渡口却那样荒芜孤寂，"野趣"就在于此呢。

13. 门外无人问落花，绿阴冉冉遍天涯。林莺啼到无声处，青草池塘独听蛙。
（曹豳《春暮》）

　　※ 冉冉，草木茂盛的样子。这位作者一定很悠闲，所以看尽落花、踏遍绿阴、听完莺啼，又再静聆蛙鸣。纷忙的生活中，你是否也有这样的情趣呢？

14. 终日昏昏醉梦间，忽闻春尽强登山。因过竹院逢僧话，又得浮生半日闲。
（李涉《登山》）

　　※ 因为听到了几位高僧的对话，诗人方才有了片刻的宁静。所以心灵的安宁，才是最可贵的安宁。

15. 黄梅时节家家雨，青草池塘处处蛙。有约不来过夜半，闲敲棋子落灯花。（赵师秀《有约》）

※ 一个"敲"字，焦急无奈的心思跃然纸上。

16. 梅子留酸软齿牙，芭蕉分绿与窗纱。日长睡起无情思，闲看儿童捉柳花。（杨万里《闲居初夏午睡起》）

※ 诗人形象生动地写出了夏天吃梅子、午觉醒来后的无聊状态。

17. 梅子黄时日日晴，小溪泛尽却山行。绿阴不减来时路，添得黄鹂四五声。（曾几《三衢道中》）

※ 旅游的返程常常让人觉得筋疲力尽、无精打采。这首诗里，作者却能游兴不减，更捕捉到新鲜的景致，所谓高雅，就是如此吧。

18. 绿树阴浓夏日长，楼台倒影入池塘。水晶帘动微风起，满架蔷薇一院香。（高骈《山亭夏日》）

※ 一位统兵千万的大将，却有如此细腻微妙的情感，真是让人不得不说：每个人都有一颗诗心，只要你善于发现、勤于推敲。

19. 朱雀桥边野草花，乌衣巷口夕阳斜。旧时王谢堂前燕，飞入寻常百姓家。（刘禹锡《乌衣巷》）

※ 乌衣巷：在今南京东南秦淮河南岸，是东晋时望族王、谢家族的居住地。前一句的朱雀桥，则是通往乌衣巷的必经之路。再辉煌的贵族也会没落，那只飞来飞去的燕子，就是这沧桑历史的见证者。

20. 乳鸦啼散玉屏空，一枕新凉一扇风。睡起秋声无觅处，满阶梧叶月明中。（刘翰《立秋》）

※ "秋声"的消失，暗示天气的寒冷和深秋的将至。诗人和普通人的区别，就在这细腻的观察力上吧。

21. 银烛秋光冷画屏，轻罗小扇扑流萤。天阶夜色凉如水，卧看牵牛织女星。（杜牧《秋夕》）

※ 这首诗从头到尾都透出一个"冷"字，所以用尽了冷色调，写的都是寒冷的感受，背景也是夜晚与星星。诗歌的完整感，呼之欲出。

22. 独上江楼思悄然，月光如水水如天。同来玩月人何在，风景依稀似去年。（赵嘏《江楼有感》）

※ 物是人非，友情依然，故地重游，想念至深。

23. 毕竟西湖六月中，风光不与四时同。接天莲叶无穷碧，映日荷花别样红。（杨万里《晓出净慈寺送林子方》）

※ 以美景送别友人，暗示了友情的深厚和内心的惜别之情。

24. 水光潋滟晴方好，山色空蒙雨亦奇。欲把西湖比西子，淡妆浓抹总相宜。（苏轼《饮湖上初晴后雨》）

※ 晴天、雨日相谐，浓妆、淡抹都可——有一颗爱美的心，什么都是美景！

25. 半亩方塘一鉴开，天光云影共徘徊。问渠那得清如许，为有源头活水来。（朱熹《观书有感》）

※ 朱熹眼里看到的是源源不断的清流，心里想的更是为学做人的道理。

26. 荷尽已无擎雨盖，菊残犹有傲霜枝。一年好景君须记，最是橙黄橘绿时。（苏轼《冬景》）

※ 虽然是深秋初冬的萧瑟景色，诗人却写得生机勃勃，乐观旷达，正当如此！

27. 月落乌啼霜满天，江枫渔火对愁眠。姑苏城外寒山寺，夜半钟声到客船。（张继《枫桥夜泊》）

※ 为什么这首诗成为千古绝唱呢？夜晚的寒霜里，几点渔火让失眠的诗人更觉煎熬。视野里与众不同的点缀，令人警醒。

28. 寒夜客来茶当酒，竹炉汤沸火初红。寻常一样窗前月，才有梅花便不同。（杜耒《寒夜》）

※ 只是一枝梅花，便让作者觉得世界大不相同。高雅情怀，见于生活点滴。

29. 初闻征雁已无蝉，百尺楼台水接天。青女素娥俱耐冷，月中霜里斗婵娟。（李商隐《霜夜》）

※ 青女：神话传说中的霜神。秋夜寒冷难熬，诗人却把自然拟人化，顿时天地间一片生机！

30. 梅雪争春未肯降，骚人搁笔费评章。梅须逊雪三分白，雪却输梅一段香。（卢梅坡《雪梅·其一》）

※ 古人赏雪，兴味十足，现在又有梅花做伴，从颜色到香味，怎能让人不振作！

31. 有梅无雪不精神，有雪无诗俗了人。日暮诗成天又雪，与梅并作十分春。（卢梅坡《雪梅·其二》）

※ 诗兴不减的作者又写了一首，意思却大不相同，诗人的雅趣和对于梅花的喜爱，在此变得更为强烈。

32. 一片花飞减却春，风飘万点正愁人。且看欲尽花经眼，莫厌伤多酒入唇。江上小堂巢翡翠，苑边高冢卧麒麟。细推物理须行乐，何用浮名绊此身。（杜甫《曲江·其一》）

※ 翡翠：一种水鸟；麒麟：一种瑞兽，此处指麒麟造型的石像。这首诗写在安史之乱后，所以大好春光，在他眼里也都只是伤感的残缺之景。

33. 朝回日日典春衣，每日江头尽醉归。酒债寻常行处有，人生七十古来稀。穿花蛱蝶深深见，点水蜻蜓款款飞。传语风光共流转，暂时相赏莫相违。（杜甫《曲江·其二》）

※ 朝回：上朝回来；典：典当。生活窘迫、借酒浇愁，诗人只好把仅存的思

绪寄托在眼前的景色上，反而更让人觉得伤感。

34. 闲来无事不从容，睡觉东窗日已红。万物静观皆自得，四时佳兴与人同。道通天地有形外，思入风云变态中。富贵不淫贫贱乐，男儿到此是豪雄。（程颢《偶成》）

※ 当代哲学家冯友兰觉得这首诗形象写出了儒家"中庸"的境界，从容自如，无所不乐，适可而止，大家可有体会？

35. 众芳摇落独暄妍，占尽风情向小园。疏影横斜水清浅，暗香浮动月黄昏。霜禽欲下先偷眼，粉蝶如知合断魂。幸有微吟可相狎，不须檀板共金樽。（林逋《梅花》）

※ 檀板：演奏音乐所用的拍板。人们都把这首诗看作是写梅花的"冠军"，尤其是"疏影横斜"一联，写活了梅花的香气和环境。

36. 春眠不觉晓，处处闻啼鸟。夜来风雨声，花落知多少。（孟浩然《春晓》）

※ 诗人既怜惜被风雨打落的花瓣，也欣喜于到处听得见的鸟鸣，如此，悲伤便不再那么浓烈，感情也变得含蓄隽永。

37. 众鸟高飞尽，孤云独去闲。相看两不厌，唯有敬亭山。（李白《独坐敬亭山》）

※ 为什么诗人看不厌倦呢？鸟都飞走了、云很孤独，它们分明是他内心的孤苦和苦楚的寄托吧。

38. 白日依山尽，黄河入海流。欲穷千里目，更上一层楼。（王之涣《登鹳雀楼》）

※ 诗人用形象的比喻，来告诉我们做人为学的道理：更上一层楼，世界更阔大！

39. 独坐幽篁里，弹琴复长啸。深林人不知，明月来相照。（王维《竹里馆》）

※ 本诗营造了一个空明澄净、清幽绝俗的环境，诗人内心毫无杂念，闲适自得。

40. 何处秋风至，萧萧送雁群。朝来入庭树，孤客最先闻。（刘禹锡《秋风引》）

※ 在外的游子，对季节的变化最敏感，因为他们格外思念家乡、感慨时光的流逝。

41. 太乙近天都，连山接海隅。白云回望合，青霭入看无。分野中峰变，阴晴众壑殊。欲投人处宿，隔水问樵夫。（王维《终南山》）

※ 诗人眼中的终南山，高大挺拔，连绵不绝，人烟稀少，给人一种飘飘欲仙的感觉。

42. 细草微风岸，危樯独夜舟。星垂平野阔，月涌大江流。名岂文章著，官因老病休。飘飘何所似，天地一沙鸥。（杜甫《旅夜书怀》）

※ 危樯：高耸的桅杆。第三句、第四句如此壮阔，最后一句沙鸥的自喻，却如此微小，内心的凄苦无助，由此浮现。

43. 清晨入古寺，初日照高林。曲径通幽处，禅房花木深。山光悦鸟性，潭影空人心。万籁此俱寂，惟闻钟磬音。（常建《破山寺后禅院》）

※ 鸟因为山中的阳光而愉悦，人的心灵因为幽深的水潭而宁静。看似玄奥的佛理，在这里也是形象生动呢。

44. 东皋薄暮望，徙倚欲何依。树树皆秋色，山山惟落晖。牧人驱犊返，猎马带禽归。相顾无相识，长歌怀采薇。（王绩《野望》）

※ 采薇：或取《诗经·小雅·采薇》篇名，借以抒发思乡凄苦之情。全诗句句俯瞰，居高临下，气象清空阔大。

45. 江城如画里，山晚望晴空。两水夹明镜，双桥落彩虹。人烟寒橘柚，秋色老梧桐。谁念北楼上，临风怀谢公。（李白《秋登宣城谢朓北楼》）

※谢朓是李白很喜欢、很推崇的诗人，所以这里的美景不仅是实写，也是比喻。

46. 八月湖水平，涵虚混太清。气蒸云梦泽，波撼岳阳城。欲济无舟楫，端居耻圣明。坐观垂钓者，徒有羡鱼情。（孟浩然《临洞庭》）

※太清：天的代称。这是一首"干谒诗"，通俗地说，就是写给高官，来求得他们青睐的诗。虽然目的有点功利，但诗歌本身却还是含蓄的、节制的。

《幼学琼林》选读

导读：《幼学琼林》为我国古代儿童的启蒙读物，初为明人程登吉编著，本名《幼学须知》，又称《成语考》《故事寻源》，清人邹圣脉作了增补，改名为《幼学琼林》，也叫《幼学故事琼林》。《幼学琼林》版本较多，语句略有不同。

第一部分　我与家庭

题记：古人说"修身、齐家、治国、平天下"，其中"齐家"就是处理好家庭关系、家人和睦的意思，只有学会处理好与爸爸妈妈等家人的关系，才能在走出家门后，处理好社会上的各种关系。

1. 何谓五伦？君臣、父子、夫妇、兄弟、朋友；何谓九族？高、曾、祖、考、兄弟、子、孙、曾、玄。（《卷二·祖孙父子》）

　　※什么叫做五伦？就是君臣、父子、夫妇、兄弟、朋友。什么叫做九族？就是高祖、曾祖、祖父、父亲、自己、儿子、孙子、曾孙、玄孙。

2. 孝养祖母，李密陈情。（《卷二·祖孙父子》）

　　※为了奉养祖母，李密写了《陈情表》，不愿出来做官。

3. 和丸教子，仲郢母贤；戏彩娱亲，老莱子孝。（《卷二·祖孙父子》）

　　※和丸教子：唐朝柳仲郢的母亲教子有方，她用熊胆和成丸子，让儿子在夜间读书时嚼食，用以提神。戏彩娱亲：春秋时楚国的隐士老莱子七十多岁时还穿

着五彩衣，学婴儿啼哭，假装跌倒，逗父母高兴。

4. 煮豆燃萁，讽其相害；斗粟尺布，讥其不容。(《卷二·兄弟》)

※ "煮豆燃萁"说的是曹植七步成诗的故事，比喻骨肉兄弟自相残害。斗粟尺布：汉文帝的弟弟淮南王刘长谋反，事败后被流放到蜀地，绝食而死，百姓作歌曰："一尺布，尚可缝，一斗粟，尚可舂，兄弟二人不相容。"

5. 田氏分财，忽悴庭前之树；孤竹让国，共甘首阳之薇。(《卷二·兄弟》)

※ 隋朝田氏兄弟分家产，屋前紫荆树都忽然枯萎了。商末伯夷、叔齐互相让位，商朝亡后共同避居首阳山，采薇菜而食，他们兄弟的感情多么真挚啊。悴：枯萎。孤竹：商朝的诸侯国，孤竹国君有两个儿子，即伯夷和叔齐。

6. 夫谓妻，曰内子，曰细君；妻称夫，曰良人。(《卷二·夫妻》)

※ 丈夫对人称自己的妻子为内子，又称细君，妻子称丈夫为良人。

7. 如鼓瑟琴，好合之谓；琴瑟不叶，反目之称。(《卷二·夫妻》)

※ 叶，同"协"，融洽。如鼓瑟琴，比喻夫妇感情和谐；琴瑟不叶，是说夫妇感情不好。

8. 牝鸡司晨，比妇人之预事；河东狮吼，讥丈夫之畏妻。(《卷二·夫妻》)

※ 牝鸡司晨：母鸡打鸣报晓，常用来比喻妇女掌握朝政。河东狮吼：北宋人陈季常，自称龙丘先生，喜好宾客，蓄纳声妓。但他的妻子柳氏非常凶妒，所以他的好友苏东坡给陈季常写了首打油诗："龙丘居士亦可怜，谈空说有夜不眠；忽闻河东狮子吼，拄杖落手心茫然。"见宋洪迈《容斋三笔·陈季常》。后以"河东狮吼"来形容妻子凶悍。牝，雌性动物。司，掌管、主管。

9. 不弃糟糠，宋弘回光武之语；举案齐眉，梁鸿配孟光之贤。(《卷二·夫妻》)

※ 不弃糟糠：光武帝刘秀想把自己的姐姐嫁给宋弘，让宋弘休了他的妻子，宋弘回答说："贫贱之交不可忘，糟糠之妻不下堂。"婉言谢绝了光武帝的"美

意"。举案齐眉：东汉初年的隐士梁鸿，其妻孟光非常贤惠，她给梁鸿端饭时把托盘举得跟眉毛一样高，显示对丈夫的尊重，后用来形容夫妻互相尊敬。

10. 良缘必由夙缔，佳偶本是天成。蹇修执柯，媒妁之号；冰人掌判，传语之人。(《卷二·夫妻》)

※ 美满的姻缘，是由前世的缘分所缔结的；佳妙的配偶，是由上天所撮合的。蹇修与执柯都是媒人的别号；冰人和掌判是指传言的媒人。

11. 女嫁曰于归，男婚曰有室。(《卷二·夫妻》)

※ 女子出嫁称做于归，男子结婚叫做有室。

12. 新妇谒祖曰庙见，女子省亲曰归宁。(《卷二·夫妻》)

※ 谒：拜见。新妇初入家门，到家庙谒见祖先称为庙见。已出嫁的女子回娘家探望父母称为归宁。

13. 朱陈一村而结好，秦晋两国以联姻。(《卷二·夫妻》)

※ 朱陈两姓居一村，秦晋代代结成好姻缘。

第二部分　我与学校

题记：韩愈说："古之学者必有师"。我们应该进入学校跟随老师学习各种知识和技能，和同学互相学习交流，养成良好的习惯，提高自己的德行，成为品学兼优的学生。

1. 宣圣杏坛，弟子三千，而贤人七十。(《卷二·师友》)

※ 孔子讲学于杏坛，从学的弟子有三千人，其中品学兼优的学生有七十二人。

2. 设教有如振铎，待问何异叩钟。(《卷二·师友》)

※ 振：摇响。铎：有舌的大铃铛。古人布政施教时，常常振铎以吸引民众。

等待学生提出问题就好像敲响金钟，听到回音。

3. 师号西宾，尊师席曰函丈；学名家塾，馈学俸曰束修。（《卷二·师友》）

※ 聘请来教书的先生敬称为西宾，师席尊称为函丈；在家设学堂叫做家塾，送给老师的学费称做束修。西宾，旧时宾位在西，常用为对家塾教师的敬称。函丈，原指讲学者与听讲者坐席之间相距一丈，后用以指讲学的坐席。修，通"脩"，原意是干肉，这里指送师长的酬金。

4. 未获及门，曰宫墙外望；已承秘授，曰衣钵真传。（《卷二·师友》）

※ 未能进入先生之门正式拜师，称宫墙外望；得到先生学问真传秘诀，称衣钵真传。

5. 负笈为千里游，李固就师之笃；程门立三尺雪，游杨敬学之诚。（《卷二·师友》）

※ 背着书箱千里求学，可见李固求师的殷切；站在程老师家门前的雪地里等待求见，可见游酢、杨时敬重师长的程度。

6. 称师善教，如坐春风之中；感业有成，得沾时雨之化。（《卷二·师友》）

※ 弟子称颂师长教导有方，说如坐春风之中，感谢老师栽培成就学业，说好像得到了及时雨的滋润。

7. 先世通家，尊为父执；平生齐契，号曰同袍。（《卷二·师友》）

※ 与自己长辈有交情的人，按礼节要尊称他为父执。执，就是至交，好友的意思。同袍：同穿一条战袍的战友，后来多比喻特别有交情，关系十分密切的人。

8. 廉蔺为刎颈之交，孙周原总角之好。（《卷二·师友》）

※ 廉颇与蔺相如是同生死共患难的刎颈之交。孙策和周瑜自孩童时便是挚友，是自幼留角髻时感情就很好了。

9. 肝胆相托，是谓心期；意气不孚，无非面友。始终如一曰耐久，老幼相得曰忘年。(《卷二·师友》)

※ 肝胆相照，才称得上是心腹之交。意气不合，只能算是口头之交。友情自始至终有如一日叫耐久，老人和年轻人结为朋友叫忘年。

10. 陆士和折梅逢使，聊寄江南一枝春；王摩诘攀柳赠行，快唱阳关三叠曲。(《卷二·师友》)

※ 陆凯折梅并赋诗一首，请驿使带给远方的友人，诗中说："江南无所有，聊赠一枝春。"王维折柳写诗赠给将远行的朋友，劝友人再饮一杯酒，因为出了阳关就见不到故乡友人了，此诗就成了著名的送别曲"阳关三叠"。

11. 绝弦伤友，为乏知音；割席拒朋，谓非同志。(《卷二·师友》)

※ 钟子期去世后，俞伯牙痛失知音，摔琴绝弦从此不再弹琴；管宁因华歆贪财羡富，不是志同道合的人，于是割席分坐拒绝再和他做朋友。

第三部分 我与社会

题记：社会是一所大学校。将来从学校毕业以后，还要走进社会这个大课堂，那是一个更加广阔的天地，因此要继续努力学习，提高能力，在这个更广阔的天地里有所作为。

1. 答人寄书，曰辱承华翰；谢人致问，曰多蒙寄声；索人回信，曰早赐玉音；谢人许物，曰已蒙金诺。(《卷三·人事》)

※ 感谢别人寄来书信说辱承华翰。华翰：对他人来信的美称。对别人转致的问候表示谢意说多蒙寄声。盼望对方寄信来说早赐玉音。感谢人家许诺的事或物说已蒙金诺。

2. 虞帝慕圣，见于羹，见于墙；颜子从师，趋亦趋，步亦步。(《卷三·人事》)

※ 虞舜仰慕唐尧，尧去世三年后，饮食起居仍然处处想到他。颜渊效法孔子，

亦步亦趋，事事仿效。

3. 方命是逆人之言，执拗是任己之性。曰觊觎，曰睥睨，总谓私心窥探；曰倥偬，曰旁午，皆言人事纷纭。(《卷三·人事》)

※ 方命是委婉表示不能按照对方说的做，执拗是固执地坚持自己的观点。觊觎、睥睨都是说非分的冀图或窥视；倥偬、旁午是说事情很多，很匆忙的样子。

4. 顿开茅塞，感人之教益；深蒙药石，谢人之箴规。(《卷三·人事》)

※ 请求别人教导，忽然间领悟，称为茅塞顿开；感谢别人规劝说深蒙药石。

5. 仇深曰切齿，交好曰知心。大笑曰解颐，微笑曰莞尔。(《卷三·人事》)

※ 仇恨到了极点称为切齿，相交至好叫知心。开怀欢笑叫做解颐，微露笑容称为莞尔。

6. 上座延宾，谓之虚左；官僚共署，谓之同寅。失信曰爽约，又曰食言；背誓曰寒盟，又曰反汗。铭心镂骨，佩德难忘；结草衔环，知恩必报。(《卷三·人事》)

※ 留着首席等待上宾叫做虚左，同在一处做官叫做同寅。爽约、食言都是失掉信用的意思。违背誓言叫做寒盟或反汗。感恩戴德永世不忘称为铭心镂骨，牢记恩德必当图报称为结草衔环。

7. 赞襄谓之玉成，分裂谓之瓦解。事有低昂曰轩轾，力相上下曰颉颃。(《卷三·人事》)

※ 帮他人的忙，使他做事能成，好像琢玉成器，所以叫做玉成。众人的心已经四分五裂，难以整合所以叫做瓦解。一样的事情，偏要分出轻重就叫做轩轾。力量不相上下叫做颉颃。

8. 凭空起事曰作俑，仍前踵弊曰效尤。不辞劳苦曰拮据，不暇修饰曰鞅掌。手足并行曰匍匐，俯首沉吟曰低徊。（《卷三·人事》）

※ 首开恶例叫做作俑。沿袭前人的弊端称做效尤。作事艰难辛苦，称为拮据；劳禄繁忙无暇修饰仪容称为鞅掌。手脚一起着地，慢慢向前移行称为匍匐。低头沉思恋恋难舍称为低徊。

9. 明珠投暗，大屈才能；入室操戈，自相残害。（《卷三·人事》）

※ 明珠投在暗处，觉得委屈了一个人的才能；入室操戈伤了一家的和气，是指自相残杀。

10. 兼听则明，偏听则暗，此魏征之对太宗；众怒难犯，专欲难成，此子产之讽子孔。（《卷三·人事》）

※ 听取众人所说的话，就会明白，只听信一个人的私语，就会糊涂，这是魏征对唐太宗所说的话。众人都生气了就犯他不得，一个人私心所要的不容易做成功，这是子产讽劝子孔的话。

11. 座上有南客，切须谨言；往来无白丁，乃为取友。借事宽役曰告假，用财嘱托曰夤缘。（《卷三·人事》）

※ 江南人听了《鹧鸪曲》会思乡欲归，所以席间如有江南客，说话唱曲要谨慎。往来无白丁，即言所交的朋友皆为有名望的贤人。因事请免工作叫做告假。送钱给权贵求他引荐称为夤缘。

12. 事有大利，曰奇货可居；事宜鉴前，曰覆车可戒。事分彼此，曰左袒；事持两可，曰模棱；敌甚易摧，曰发蒙振落；志在必胜，曰破釜沉舟。窃盗曰梁上君子，强梗曰化外顽民。（《卷三·人事》）

※ 挟持某物作为资本，以博取功名利禄名为奇货可居。以往事为教训叫做覆车可戒。做事偏袒一方称为左袒；处理事情含糊其辞叫做模棱；轻而易举地摧毁敌人，如同去掉灰尘，摇落败叶一样的容易；下定决心志在必胜称为破釜沉舟。偷窃别人财物的人称为梁上君子，强硬顽固不从教化称为化外顽民。

13. 为人干办曰代庖，为人设谋曰借箸。见事极真，明若观火；对敌易胜，势若摧枯。(《卷三·人事》)

※ 暂时代替他人去办事叫做代庖。帮助他人筹划叫做借箸。事理看得真切明白，就好像观看火光。对付敌兵很容易战胜，这种情势有若摧毁枯木。

第四部分　我与生活

题记：生活万象。可以从生活中学习的东西数不胜数，我们不但要在学校学习各种文化知识，更要在生活中认真学习各种生活知识和技能，做一个有生活常识、懂生活情趣的人。

1. 美酒曰青州从事，恶酒曰平原督邮。(《卷三·饮食》)

※ 青州从事是好酒的别名，平原督邮是劣酒的代称。

2. 待客惊雷荚，供佛紫茸香，淄流清况；呼为钓诗钩，亦号扫愁帚，骚客闲情。(《卷三·饮食》)

※ 款待客人用惊雷荚的茶，供奉菩萨用紫茸香的茶，是僧家清寒的况味；呼酒为钓诗的钩儿，又叫做扫愁的扫帚，是诗人闲雅的情致。

3. 鱼号为水梭花，鸡呼为穿篱菜。(《卷三·饮食》)

※ 僧人给鱼起个别名叫水梭花，给鸡起的别名是穿篱菜。

4. 昏庸如桀纣，胡为乎酒池肉林；苦学若希文，正不妨断齑画粥。(《卷三·饮食》)

※ 昏庸无道的桀、纣，为什么要以酒为池，以肉为林，日夜作乐呢？范仲淹刻苦求学，每天却仅靠咸菜与米粥度日。

5. 金马玉堂，翰林清贵；柏台乌府，御史威严。(《卷三·宫室》)

※ 金马、玉堂都是翰林院的美称。柏台、乌府都是御史台的别名。

6. 称人曰燕贺，自谦曰蜗居。民家曰间阎，贵族称阀阅。朝廷曰魏阙，书馆曰芸窗。馆驿曰邮亭，客邸曰逆旅。(《卷三·宫室》)

※ 恭贺别人盖成新屋说燕贺，自谦屋子简陋狭小说蜗居。平民百姓居住的地方叫做间阎，贵族的府第外有阀阅，因此阀阅是贵族的代称。朝廷宣布政令的处所叫做魏阙，学子诵读诗书的书房称为芸窗。驿站又称为邮亭，是来往传递文书者所住的馆舍。客栈又称为逆旅。

7. 上服曰衣，下服曰裳；衣前曰襟，衣后曰裾。(《卷二·衣服》)

※ 上身的服装叫做衣，下身的服装叫做裳。衣的前幅称做襟，后幅称做裾。

8. 华服曰绮纨，敝衣曰蓝缕，儿衣曰襁褓，童饰曰弁髦。(《卷二·衣服》)

※ 华丽的衣服大都由绮罗纨素做成，所以华服称为绮纨。破旧的衣衫大都是缕缕分垂，所以敝衣唤作蓝缕。襁褓是婴儿的服装，弁髦是孩童的帽子。

9. 管城子，中书君，笔号不一；石虚中、即墨侯，砚名亦殊。(《卷三·器用》)

※ 管城子、中书君都是毛笔的别号；石虚中、即墨侯都是砚台的各种不同称呼。

10. 勉人发愤，猛着祖鞭；求人恕罪，幸开汤网。(《卷三·器用》)

※ 猛着祖鞭：东晋刘琨与祖逖要好，曾给好友写信说："我立志驱除南犯的敌人，只恐祖逖的马鞭打到我的前面。"后用来勉励人努力进取。商汤见猎人网张四面，便解开三面使一部分禽兽逃生，因此请求别人宽恕，就说幸开汤网。

11. 鱼目岂可混珠，碔砆焉能乱玉；黄金生于丽水，白银出自朱提。曰孔方，曰家兄，俱为钱号；曰青蚨，曰鹅眼，亦是钱名。(《卷三·珍宝》)

※ 鱼目怎么能和真珠混在一起，去冒充珍珠呢？碔砆虽然很像玉，但是怎能冒充做真玉呢？丽水中出产金沙，朱提郡出产银矿。孔方兄、家兄都是钱的别称。青蚨、鹅眼也是钱的称呼。

12. 以此致彼，谓之抛砖引玉；以贱失贵，谓之买椟还珠。贤否莫辨，谓之玉石俱焚；贪吝无厌，谓之锱铢必算。(《卷三·珍宝》)

※抛砖引玉：相传唐代诗人赵嘏至吴，常建欲得其诗，知他必游灵岩寺，乃先题诗二句于寺壁。赵嘏游寺见后，补上二句以成一绝。常建诗不及赵嘏，时人乃谓常建之举是抛砖引玉。后比喻自己先发表粗浅的意见，目的在于引出别人的高见。买椟还珠：楚国有个商人到郑国去卖珍珠，为了生意好，他用木兰做成装珍珠的"椟"(匣子)，用桂椒熏过，缀着珠玉，再以美玉、玫瑰和翠鸟的羽毛装饰。郑人买下椟，而把珍珠还给卖主。好歹、善恶不分，一同遭祸，称之为玉石俱焚。贪得无厌，计较一些微小的金钱，称为锱铢必算。

13. 饿死留君臣之义，千古夷齐；赀财敌王公之富，一时陶倚。杀妓侑酒，豪横非常；食费万钱，奢华太过。(《卷三·贫富》)

※伯夷、叔齐宁愿饿死也不食周粟，以留君臣大义，美名千古流传。陶朱、倚顿善于经营，资产比得上王公贵族之富有。石崇以美女陪酒，客人不饮便将歌妓杀死，这是富豪横蛮的作法。何曾一顿饭吃下来花费万金，实在是过分奢华。

14. 受人牵制曰掣肘，不知羞愧曰厚颜，共话衷曲曰谈心，擅生是非曰鼓舌。(《卷二·身体》)

※掣：牵拉。掣肘：被人拉着胳膊，比喻受人牵制。不知羞耻的人，仿佛脸皮很厚，而没有感觉一般，所以称为厚颜。二人共叙衷肠，把各人的心事毫无掩饰地叙说出来，就叫做谈心。无中生有、搬弄是非，煽动游说称为鼓舌。

15. 民肥君瘦，唐宗盛德可嘉。口蜜腹剑，李相奸邪最著。(《卷二·身体》)

※君王形貌虽瘦，而天下百姓肥，这是唐玄宗励精图治时所说的话。口里说的如同蜜一样的甜，而腹里所想的却像刀剑一样的凶恶，这是形容李林甫为人奸诈的地方。

16. 织指有如春笋，媚眼正似秋波。(《卷二·身体》)

※ 手指细如春笋，目光流盼像秋波。

17. 歇担谓之息肩，不服谓之强项。(《卷二·身体》)

※ 放下担子让肩膀休息叫做息肩，倔强不肯低头服从叫做强项。

18. 期期艾艾，口讷之称；捷捷幡幡，赞言之谓。(《卷二·身体》)

※ 期期艾艾是说言语不流畅，是对口吃者的称呼。捷捷幡幡是话多而且变动迅速，有暗地里说别人坏话挑唆的意思。

19. 胸中冰炭，言人事之参差；皮里春秋，谓一心之褒贬。(《卷二·身体》)

※ 两个人意见不一致，一个胸中像冰一样冷，一个胸中像火炭一样热，冰炭无法和洽的。口中不作评论，心里却自有评论就叫做皮里春秋。

20. 唇亡齿寒，相依表里；足上首下，倒置尊卑。所为得意，果然吐气扬眉；待人以诚，恍若推心置腹。(《卷二·身体》)

※ 嘴唇没有了，牙齿就会感到寒冷，形容彼此利害相关，一方有了损害，另一方也会受牵连。足上首下形容尊卑上下的位置颠倒了，那便不成体统了。人们逢到做事顺畅，一旦舒畅得意便会吐气扬眉表示心里的快乐。用真诚来对待别人，好比拿出自己的心来放到别人的腹内一样。

21. 睡曰黑甜，卧曰息偃。(《卷二·身体》)

※ 睡得很香甜叫做黑甜，睡卧在床叫做息偃。

22. 洗三日汤饼之会，试周日晬盘之期。(《卷二·年龄》)

※ 婴儿出生三日替他沐浴，请亲友宴庆，称为汤饼之会；孩子周岁让他抓周称作晬盘之期。旧俗于婴儿周岁日，以盘盛纸笔刀箭等物，听其抓取，以占其将来之志趣，谓之试儿，也叫试晬、抓周。盛物之盘曰"晬盘"。

23. 曰梦熊，曰弄璋，生男之兆；曰梦虺，曰弄瓦，生女之征。（《卷二·年龄》）

※ 梦中见到熊和罴都是生男孩的吉兆。梦虺、弄瓦都是生女儿的祥征。弄璋、弄瓦：古代生儿子让他玩玉，生女儿让她玩纺锤（即瓦），后为生男生女的代称。

24. 青春几何，问人寿算。（《卷二·年龄》）

※ 青春几何这是请问别人年龄的说法。

25. 行年五十，当知四十九年之非；在世百岁，那有三万六千之乐。故有上中下寿之分，更有耄耋期颐之号。（《卷二·年龄》）

※ 活到了五十岁，应当知道前四十九年的过失；人活百年那有三万六千个快乐日子。所以有上寿、中寿、下寿的区分，百岁为上寿，八十岁是中寿，六十岁是下寿。八九十岁称为耄耋，一百岁称为期颐。

26. 亲死曰丁忧，又曰丁艰；居丧曰守制，又曰读礼。在床为尸，在棺为柩；报孝为讣，慰孝为唁。（《卷三·疾病死丧》）

※ 父母亲去世可说丁忧，又可称为丁艰，居丧时应当读礼又叫守制。人死后停于灵床称为尸，已盛入棺材叫做柩。到亲友家去报丧叫做讣，到丧家去慰孝叫做唁。

27. 曰崩、曰薨、曰卒，尊卑各异其称；曰死、曰夭、曰殇，修短各因其分。（《卷三·疾病死丧》）

※ 天子死叫崩，诸侯死叫薨，大夫死叫卒，不同身份的人去世，自然有不同的称呼。去世称为死、夭、殇是因为死者年纪的不同，而有所区分，三十以下叫夭，二十以下叫殇。

28. 孤子哀子，居丧自痛之词；失怙失恃，父母俱亡之谓。父死曰考，考者成也；母死曰妣，妣者媲也。（《卷三·疾病死丧》）

※ 父亲死了自称孤子，母亲死了自称哀子，父母俱亡自称为孤哀子；自言父

亲去世说失怙，母亲去世说失恃，父母皆不在则说失怙恃。称呼已去世的父亲为考，因为考有成就的意思，取父亲创业有成之义；称呼已去世的母亲为妣，因为妣通媲，是说母亲能媲美父亲的德行事业。

第五部分　我与自然

题记：城市生活让我们渐渐远离了自然，但是古人曾经离自然很近很近。现代化生产生活破坏了自然，但是古人曾经与自然那么和谐地共处。

1. 日月五星，谓之七政；天地与人，谓之三才。日为众阳之宗，月乃太阴之象。(《卷一·天文》)

※ 太阳、月亮及金、木、水、火、土五星并称为七政。天、地、人合称为三才。太阳是众多阳气的宗主，月亮是太阴的精华象征。

2. 旋风名为羊角，闪电号曰雷鞭；青女乃霜之神，素娥即月之号。(《卷一·天文》)

※ 盘旋屈曲的狂风，仿佛弯曲的羊角，闪烁的电光划破长空，如同雷神挥动着鞭子；青女是主管降霜的神灵，素娥就是嫦娥，也是月亮的别名。

3. 列缺乃电之神，望舒是月之御。甘霖甘澍，俱指时雨；玄穹彼苍，悉称上天。(《卷一·天文》)

※ 列缺是照耀电光的神灵，望舒为月宫里的御车之神，甘霖和甘澍都是指及时雨，玄穹和彼苍都是上天的通称。

4. 蜀犬吠日，比人识见甚疏；吴牛喘月，嘲人畏惧太过。(《卷一·天文》)

※ 蜀地（四川）因山高少日，所以当地的狗看见太阳，就对着太阳狂吠，是比喻人见识太少，少见多怪。吴地（江苏）的水牛看见月亮便气喘吁吁，用来嘲笑世人恐惧的太过分了。

5. 望切有若云霓，恩深莫如雨露。参商二星，每出没不相见；牛女两宿，惟七夕一相逢。(《卷一·天文》)

　　※ 期盼之心殷切，好比大旱之年企盼天空的云霓；恩泽深厚，如同万物得到雨露的滋润；参星与商星此出彼没，永远没有机会相见；牛郎和织女隔着银河相望，每年七月初七的夜晚才能相会一次。

6. 戴月披星，谓奔驰于早夜；栉风沐雨，谓劳苦于风尘。(《卷一·天文》)

　　※ 披星戴月是说早晚不停地奔波，整日操劳非常艰苦；栉风沐雨是说奔波在外，不避风雨的辛苦。

7. 事非有意，譬如云出无心；恩可遍施，乃谓阳春有脚。(《卷一·天文》)

　　※ 事情在无意中完成，好像浮云无心出岫。岫，山洞。恩泽广泛的施行，好像阳春滋长着万物一样。

8. 齐妇含冤，三年不雨；邹衍下狱，六月飞霜。(《卷一·天文》)

　　※ 西汉山东地方有一孝妇窦氏含冤而死，上天因而震怒，三年都不下雨；战国时候邹衍被屈捕下狱，六月的盛暑天气，忽然飞起霜来。

9. 北京原属幽燕，金台乃其异号；南京原为建业，金陵又是别名。(《卷一·地理》)

　　※ 北京古时称幽州或称燕国，别名又叫金台。南京就是建业，别名又叫金陵。

10. 浙江系武林之区，原为越国；江西是豫章之郡，又号吴皋。(《卷一·地理》)

　　※ 浙江从前称为武林，本是越王的故国；豫章、吴皋都是旧时江西的称呼。

11. 河南在华夏之中，故曰中州；陕西即长安之地，原为秦境。(《卷一·地理》)

　　※ 河南位于中原的中心位置，所以又称为中州；长安为陕西首府，古代是秦

国的辖地。

12. 东岳泰山，西岳华山，南岳衡山，北岳恒山，中岳嵩山，此之谓五岳；饶之鄱阳，湘之青草，巴之洞庭，润之丹阳，苏之太湖，此之谓五湖。(《卷一·地理》)

※ 东岳泰山、西岳华山、南岳衡山、北岳恒山、中岳嵩山，这是中国著名的五大高山。饶州的鄱阳湖、湘阴的青草湖、巴陵的洞庭湖、润州的丹阳湖、苏州的太湖，这是中国著名的五个湖泊。

13. 水神曰冯夷，又曰阳侯；火神曰祝融，又曰回禄；海神曰海若，海眼曰尾闾。(《卷一·地理》)

※ 掌管河水的神称为冯夷，又叫做阳侯。管理火的神称为祝融，又叫回禄。海神的名字叫海若，海眼是海下泄水的洞孔，又称为尾闾。

14. 爆竹一声除旧，桃符万户更新。(《卷一·时序》)

※ 爆竹一声除旧岁，新的一年又来临了；门上换上了新的桃符，以迎接新的一年。

15. 二月朔为中和节，三月三为上巳辰。冬至百六是清明，立春五戊为春社。寒食是清明前一日，初伏是夏至第三庚。(《卷一·时序》)

※ 二月初一是中和节，三月初三日为上巳春浴之时。冬至后第一百零六天是清明节，立春后的第五个戊日叫做春社。寒食节在清明节的前一天，初伏日则是夏至后第三个庚日。

16. 孟夏乃为麦秋，端午是为蒲节。六月六日，节名天贶；五月五日，序届天中。(《卷一·时序》)

※ 四月麦熟所以称为麦秋。端午日饮菖蒲酒所以又称为蒲节。六月初六日是天贶节。五月五日称为天中节。

17. 竞渡端阳，吊屈原之溺水；重九登高，效桓景之避灾。(《卷一·时序》)

※ 端午节龙舟竞渡，以悼念溺水身死的屈原；重阳节登高山插茱萸饮茱萸酒，是效法桓景避灾的故事。重九登高：相传费长房对桓景说："九月九日，你家中有难，只有全家人插着茱萸登山饮菊花酒，才能避祸。"桓景听从了他的话。晚上回家一看，家中的鸡犬牛羊都死了。以后重九登高成为风俗。

18. 二社燕鸡豚，群饮治聋之酒；七夕会牛女，家穿乞巧之针。(《卷一·时序》)

※ 春秋二社日，家家户户杀猪宰鸡祭祀土地神，大家争饮可以医治耳聋的酒。七月初七牛郎织女渡河相会，妇女在庭院摆上香案，祭拜织女乞求得到织布绣花的巧技术。

19. 秦人蜡祭曰腊，故称十二月为腊；始皇御讳曰政，故读正月为征。(《卷一·时序》)

※ 秦人每年岁终祭神称为腊，因此至今仍称十二月为腊月。腊：古代阴历十二月的一种祭祀，冬至后第三个戌日祭祀众神。秦始皇的名字叫嬴政，秦人避讳读正为征，后世便沿用此例读正月为征月。

20. 夏至一阴生，天时渐短；冬至一阳生，日晷初长。(《卷一·时序》)

※ 夏至节气一过，阴气就启动了，白天的时间渐渐短了；冬至节气一到，阳气就动了起来，白天慢慢的长了起来。

21. 岁歉曰饥馑之岁，年丰曰大有之年。(《卷一·时序》)

※ 年岁荒歉叫做饥馑之岁，年岁丰收叫做大有之年。

22. 莲花比之君子，海棠号曰神仙。国色天香，咏牡丹之富贵；冰肌玉骨，赋梅萼之清奇。兰为王者之香，菊有隐逸之趣。竹称君子，松号丈夫。(《卷四·花木》)

※ 莲花高雅，是花中的君子。海棠超逸，称为花中神仙。国色天香是说牡丹

富贵艳丽的品格。冰肌玉骨是形容梅花的清秀俊奇。兰花有王者之香，尊贵高雅。菊花如隐士。竹子被称为君子，松树号称大丈夫。

23. 羊曰柔毛，又曰长髯主簿；豕云刚鬣，又云乌喙将军。（《卷四·鸟兽》）

※ 羊毛很柔软、羊须又很长，所以把羊称做柔毛或长髯主簿。猪鬃很硬、猪嘴乌黑，所以称做刚鬣和乌喙将军。

24. 鹅名舒雁，鸭号家凫；鸡有五德，凤备九苞；家豹乌圆，猫之美誉；韩卢楚犷，犬之别名。（《卷四·鸟兽》）

※ 鹅长得像雁故称为舒雁。鸭长得像凫称为家凫。鸡有五种美德，故称为德禽；凤凰具备有九苞的文采；家豹、乌圆都是猫的美名；韩卢、楚犷都是良犬的别名。

25. 无肠公子，螃蟹之名；绿衣使者，鹦鹉之号。（《卷四·鸟兽》）

※ 无肠公子是螃蟹的别名，绿衣使者是鹦鹉的外号。

26. 刻鹄类鹜，为学而未成；画虎类犬，弄巧而反拙。美恶不称，谓之狗尾续貂；贪谋不足，谓之巴蛇吞象。（《卷四·鸟兽》）

※ 用木头刻鹄却像个鹜，是说人学一件事还没有学成。纸上画老虎，画出来却像一只狗，比喻弄巧成拙反而留下笑柄。好坏不匀称，譬如用狗尾巴去接续贵重的貂毛。贪得无厌如同巴山的长蛇，想要吞下大象一样。

27. 前门拒虎，后门进狼，言祸之继至；不入虎穴，焉得虎子，言事之必成。趋利，如群蚁之附膻；爱子，如老牛之舐犊。（《卷四·鸟兽》）

※ 前门拒绝了老虎，后门却进来了豺狼，比喻刚消除了一个祸患，却又遇上了另一个灾难。不敢进入老虎的洞穴，怎能得到小老虎，是说不敢冒危险，就不能获得成功。世俗之人趋向财利追逐利益，如同群蚁附着于膻腥之上。谦称自己爱护儿女，如同老牛不断地舐着小牛一般。

28. 有势莫能为，虽鞭之长，不及马腹；制小安用大，割鸡之事，焉用牛刀。(《卷四·鸟兽》)

※ 有力量却用不上，譬如马鞭再长，也不打马腹。小题不必大做，杀鸡这种小事，何必用到杀牛的刀子。

29. 事多曰猬务，利微曰蝇头。心惑曰狐疑，色喜曰雀跃。(《卷四·鸟兽》)

※ 事情多又不容易处理叫做猬务。利益微薄叫做蝇头。遇到事情心里产生犹豫怀疑称作狐疑。欣然色喜叫做雀跃。(《卷四·鸟兽》)

30. 鹪鹩巢林，不过一枝；鼹鼠饮河，不过满腹。(《卷四·鸟兽》)

※ 鹪鹩在森林中筑巢，只要一根树枝就足够了。鼹鼠去河边饮水，只要喝饱肚子就足够了。

第六部分　我与艺术

题记：文学艺术是我们宝贵的精神食粮。我们中华民族是一个拥有五千年光辉灿烂文明的民族，走进民族文化艺术的殿堂，你会看到无比绚烂的文学艺术珍品。

1. 名士才储八斗，鸿儒学富五车。三坟五典，古圣之真传；七纬九经，先民之秘要。(《卷四·文事》)

※ 才华横溢的士人才储八斗，学识广博的儒生学富五车。三坟五典是古代圣人的真传；七纬九经是先代文人的秘要。

2. 《尚书》皆虞夏商周之政事，《周易》乃羲文姬孔之精微。二戴俱删《礼记》，故曰《戴礼》；二毛皆注《诗经》，故曰《毛诗》。(《卷四·文事》)

※《尚书》上记载的是上古时期尧、舜和夏、商、周三代的政事；《周易》由周文王、周公编纂，是伏羲、文王、周公、孔子四圣的精心杰作。戴德、戴圣删定《礼记》，所以礼记叫做《戴礼》；毛亨、毛苌都注解《诗经》，故而《诗经》又名《毛诗》。

3. 孔圣修春秋，因获麒麟而绝笔；太公论韬略，悉假虎豹以名篇。缥缃黄卷，总谓经书；雁帛鱼书，通称简札。(《卷四·文事》)

※ 孔子修《春秋》，至鲁哀公十四年因捕获麒麟而停笔，因此《春秋》别名《麟经》。太公谈论韬略都是借着虎豹来命名篇章。缥缃和黄卷都是经书的总称。雁帛和鱼书皆为书信的别名。

4. 锦心绣口，李供奉之词章；铁画银钩，王右军之字法。雕虫谦艺学之卑，倚马夸文思之捷。(《卷四·文事》)

※ 锦心绣口是用来形容李白的诗文，词藻华丽文思优美，铁画银钩用来比喻王羲之的书法笔力刚健，生动圆润。雕虫小技自谦艺学的低下；靠着马就能够把文章写成，是夸奖别人写作神速。

5. 诗之工者，压倒元白；才之高者，媲美班扬。晁大夫以多智而号智囊，王仁裕以能诗而称诗窖。自古诗人推李杜，至今字学仰钟王。阳春白雪，难和难赓；万选青钱，屡试屡中。(《卷四·文事》)

※ 称美别人善于写诗，说可以压倒元稹、白居易。才情高超可以比美班固、扬雄。西汉晁错很有智慧，汉景帝称他为智囊，王仁裕著诗万篇，时人称他为诗窖。自古以来论诗者推崇李白、杜甫，迄今为止书法界最敬仰的是钟繇、王羲之。阳春白雪的曲调都是最难以唱和，也最难以接续的高雅之曲；万选青钱的高才，是形容屡试屡中的好文章。

6. 作文曰染翰操觚，请业曰执经问难。求文曰乞如椽笔，誉美曰是大方家。(《卷四·文事》)

※ 写文章称为染翰操觚，请授学业叫做执经问难。翰：毛笔；操觚：拿木简写文章，指提笔作文。请人写文章说乞挥如椽笔，称赞别人文章高妙说这才是大方之家。大方之家：出自《庄子·秋水》："今我睹子之难穷也，吾非至于子之门则殆矣，吾长见笑于大方之家。"原指懂得大道理的人，后泛指见识广博或学有专长的人。

7. 乐天七月，便识之无；长吉七岁，作《高轩过》。(《卷四·文事》)

※ 白居易出生才七个月，便认识了之、无这两个字；李贺七岁就有文名，作了《高轩过》这一篇文章。

8. 冠裳之制，至黄帝而大备；蚕桑之利，由元妃而始兴。神农尝百草，医药有方；后稷播五谷，粒食攸赖。(《卷四·制作》)

※ 冠冕衣裳创自虞舜，至黄帝时才趋完备；采桑养蚕是黄帝元妃嫘祖所发明。神农尝百草，察其药性辨其配伍，始有医药医方；后稷教民众种五谷，粮食靠此而来。

9. 恬笔伦纸，固文房宝玩。(《卷四·制作》)

※ 据传，毛笔由蒙恬所造，纸系蔡伦所制，这些都是文房中的贵品。

10. 僧繇点龙睛而破壁，公输削木鸢而高飞。虽奇技似无益于人，而百艺期有济于用。(《卷四·制作》)

※ 张僧繇在安乐寺壁上画龙，点了龙睛后，雷电交加龙便飞腾而去。公输子削竹木为鸢，飞上天空三日还没有落下。虽然过于奇巧的技艺，对世人并没有好处，日常所需的各种工艺技能，则可供人利用而有所帮助。

《龙文鞭影》选读

导读：《龙文鞭影》原名《蒙养故事》，明代萧良有编撰，杨臣诤增订。"龙文"是古代一种千里马的名称，它只要看见鞭子的影子就会奔跑驰骋。本书的选读部分以"我"为立足点，分别探讨自我修养、自我与他人以及自我与自然的联系，希望通过这些有意思的典故，丰富大家的知识，了解古人的性情趣味，滋养人生的高雅趣味，让你也变成一匹驰骋千里的"龙文"马。

第一部分　我与自我

题记：你想成为一个怎么样的人？有志气的赵温？有胆量的桓石虔？有才学的曹植？"小千里马"们，好好看看吧！

1. 田骄贫贱，赵别雌雄。（《卷一·一东》）

※ 田子方是魏文侯的老师，魏文侯的太子向他行礼，他不回礼。太子很生气，问："是富贵的人有资格傲慢呢？还是贫贱的人有资格傲慢呢？"田子方回答："当然是贫贱的人有资格傲慢了。富贵之人一旦傲慢，做诸侯的会失去他的国，做大夫的会失去他的家。贫贱之人给国君提意见，国君不听，大不了走就是了。"

东汉末年的赵温说了一句很有名的话：大丈夫就应该像老鹰一样高飞，别像野鸡一样窝着。

2. 义伦清节，展获和风。（《卷一·一东》）

※ 北宋的沈义伦跟随军队入蜀，回来的时候，行李里面只有几本书，没有别

的钱财，太祖把他提升为枢密副使。展获字子禽，一字季，春秋时期鲁国柳下邑人，惠是他的谥号，所以后人称他为柳下惠，有时也称柳下季。孔子孟子对他都十分推崇。但他的弟弟盗跖名声不太好，是有名的大盗。

3. 放歌渔者，鼓枻诗翁。（《卷一·一东》）

※ 唐代崔铉担任江陵太守时，在楚江遇到一个渔者，钓到鱼就换酒、放歌，非常自由。他问他是不是隐者，渔者说："像姜子牙、严子陵这样的隐者，其实是为了钓名。"说完了就走了。

枻（yì），船舷。宋代卓彦恭经过洞庭湖，遇见一位泛舟的老翁，问他是否在钓鱼，老翁说："没有鱼只有诗。"说着就敲着船舷，朗诵着诗歌离开了，也不知道他的名字。

4. 梁姬值虎，冯后当熊。（《卷一·一东》）

※ 宋人梁红玉有一天五更天看见有一只虎卧在廊下，吓坏了，后来才知道是名小卒在那儿打瞌睡。梁红玉的母亲认定这个人是人才，并将女儿许配给他。此人就是韩世忠，后来成为抗金名将，梁红玉也受封为梁国夫人。故事也许有神话色彩，但是足见韩世忠的气魄和梁母的眼光。

相传汉元帝曾带冯妃、傅妃到御花园观赏猛兽。突然一只熊窜了出来，傅妃急忙躲了起来，而冯妃却勇敢地冲上去站在熊的面前将它挡住。事后元帝问她为什么这样，她说："我生怕熊伤害了陛下，因此用身体挡住它。"在旁的傅妃听了，羞得无地自容。我们不论忠君护主的观念，只谈冯妃的胆色，真的不输男子。

5. 祢衡一鹗，路斯九龙。（《卷一·二冬》）

※ 祢衡是东汉末年的名士，孔融十分钦佩他，称赞他的才学。曾上书举荐，说："鸷鸟累百，不如一鹗。祢衡立朝，必有可观。"后来因为太过傲慢而被杀。

唐朝宣城令张路斯，他的夫人石氏生了九个儿子，当时被人们称作九龙，足见孩子都很成器。

6. 戴生独步，许子无双。（《卷一·二冬》）

※ 东汉人戴良，字叔鸾，喜欢发表惊世骇俗的议论。有人问他："天下有谁可与你相比呢？"他说："我就像孔丘长东鲁，大禹出西羌，没有人能跟我比。"

许慎，字叔重，东汉经学家，《说文解字》的作者。他博学多才，当时有五经无双许叔重的说法。

7. 浩从床匿，崧避杖撞。（《卷一·三江》）

※ 唐代孟浩然受王维私下邀请，进入内署，正好唐明皇驾到，于是孟浩然躲到床下。皇帝让孟浩然出来相见，要他作诗，当孟浩然读到"不才明主弃，多病故人疏"时，唐明皇很不高兴地说："你自己不求做官，我也未曾嫌弃你，你怎么这样诬蔑我？"就让孟浩然回山去了。

汉明帝刘庄气量狭窄，常常诋毁谩骂公卿大臣。有一次，他对大臣药崧大发雷霆，用手杖打药崧，药崧钻入床下藏身。明帝持杖追至床前，怒不可遏地喝道："你出来！"药崧在床下说："天子穆穆，诸侯皇皇，未闻人君，自起撞郎。"

这两个人都是躲避，但是气度还是不一样。

8. 石虔矫捷，朱亥雄奇。（《卷一·四支》）

※ 东晋桓石虔，动作相当轻捷，有一次，他和父亲桓豁一起围猎，一只老虎中了箭，受伤倒在地上。将领们怂恿他把老虎身上的箭拔出来，他真的上前拔出一支箭来，动作非常矫捷。

战国时朱亥是个力士，隐居在屠宰铺里。侯嬴把他举荐给魏国的信陵君。后来信陵君窃兵符救赵，唯恐魏国老将晋鄙不接受命令，把朱亥也带去了。当晋鄙猜疑不定时，朱亥拿出袖里藏着的四十斤铁锥，一下把晋鄙打死，信陵君夺取了兵权，率兵抗秦，赵国得救。

9. 能文曹植，善辩张仪。（《卷一·四支》）

※ 曹植字子建，是曹操的第三个儿子。他十岁就会做文章，才思敏捷，落笔成章，深受曹操宠爱，七步成诗就是赞赏他的才华的。

张仪是战国时魏国人，纵横家的代表人物之一，主张连横，使六国割地事秦。

年轻时他地位卑微，有一次跟随楚国国相参加宴会，别人诬赖他偷了珍贵的玉璧，他被打得遍体鳞伤，回家后便问妻子："我的舌头还在吗？"妻子说在。张仪便放心了，说："只要舌头在就行。"

10. 乘风宗悫，立雪杨时。（《卷一·四支》）

※ 南朝人宗悫，少年时便有愿乘长风破万里浪的志向。后在南朝宋担任豫州太守，清廉奉公，秋毫无犯，离任回家时只带着枕头、被褥等非常简单的行李。后受封为洮阳侯。

11. 阮籍青眼，马良白眉。（《卷一·四支》）

※ 三国末魏国人阮籍字嗣宗，是竹林七贤之一。他博览群书，尤其爱读《庄子》。嗜饮酒，时常喝醉了便撒酒疯避难。他鄙视礼教，很看不起礼俗之士，用白眼看他们，而对他喜欢的人就青眼（正眼）相看。

三国蜀国人马良字季常，马良眉毛中有白毛，乡邻们说："马氏五常，白眉最良。"

12. 颜狂莫及，山器难知。（《卷一·四支》）

※ 南北朝时南朝宋的知名文人颜延之，字延年，文章盖世，与谢灵运齐名。宋文帝问他四个儿子的才能，他说："（颜）竣得臣笔，（颜）测得臣文，（颜）崃得臣义，（颜）曜得臣酒。"文帝问："谁得卿狂？"延之答道："其狂不可及。"

西晋山涛，字巨源，是竹林七贤之一。年轻时气量就很大，与常人不同。做了十几年的吏部尚书，廉洁无私，选拔人才非常恰当。羊祜与晋武帝商讨进取东吴的事，他说："外部安宁了就必然有内部的忧患。以晋目前的情况，放着吴作外部威胁，难道不是好的计谋吗？"当时的人都钦佩他眼光长远，有胆识。

13. 邓云艾艾，周曰期期。（《卷一·四支》）

※ 艾艾、期期都是形容口吃的人说话的样子，也就是现在的结巴。邓艾是三国时魏国将领，字士载。他说话结巴，然而回答问题却非常敏捷。有一次司马懿知道他口吃，就开玩笑说："你每次说话艾……艾……，到底有几个艾呢？"邓艾

回答说："凤兮凤兮，本来就只有一凤。"

周昌是西汉初年的大臣，和刘邦是同乡，是位直言敢谏的人。刘邦想废掉太子刘盈，他坚决不同意，和刘邦争辩。刘邦要他给出不同意的缘由，他说话结巴，很恼怒地说："臣口不能言，然期期以为不可。陛下欲易太子，臣期期不奉诏！"这一结巴，反而把满朝文武百官和刘邦也逗笑了，于是这件事暂且被搁在一边。可见就算说话有缺陷，但只要聪明正直，就一定能展现自己的才能。

14. 启期三乐，藏用五知。(《卷一·四支》)

※孔子游览泰山，看到一个人在弹琴唱歌，悠然自得，孔子问他："先生为什么如此快乐？"那人答道："我有许多快乐的理由：天生万物，人最尊贵，我能够做人，这是一乐；人分男女，男尊女卑，我能够做男人，这是二乐；有人一出生就夭折在襁褓中，没见过日月，我现在年将九十，这是三乐。穷困是读书人的常事，死是人生的终止，我现在过着平常人的生活，颐养天年，还有什么不快乐的？"这位和孔子对话的乐观主义者就是荣启期。

北宋李若拙，字藏用，体格健壮，推崇气节，自号"五知"，写了一篇《五知先生传》，五知即知时、知难、知命、知退、知足。

15. 陶公运甓，孟母断机。(《卷一·五微》)

※甓，砖。东晋陶侃，字士行，早年孤贫，有节操。担任广州刺史时，在州里清闲无事，白天运一百块砖到书斋里，夜晚再运出去。别人问他为什么这么做，陶侃回答说他是为了将来能够立大业，承担更重要的任务，才锻炼自己的心志，恐怕自己因为安逸而丧失斗志。

16. 曹公多智，颜子非愚。(《卷一·七虞》)

※汉末曹操足智多谋，一次当曹军与马超、韩遂相持于渭南时，马超等请求议和，曹操假装答应。当两军会和时，马超、韩遂的部下将士纷纷上前围观曹操的仪容。曹操笑着说："你们想看曹公吗，他也是人，并没有四只眼两只嘴，不过多些智慧罢了。"

春秋时的鲁国人颜回，是孔子的学生。他天资聪明，善于举一反三，遇事不迁怒于人，也不重复自己的过失。穷居陋巷，箪食瓢饮，不改其乐。孔子曾称赞他："颜回不是个愚蠢的人。"

17. 关西孔子，江左夷吾。（《卷一·七虞》）

※ 东汉学者杨震博学明经，他广收弟子，传授学问。因他祖籍在潼关以西的华阴，所以人称关西孔子。

春秋管仲名夷吾，曾辅佐齐桓公成为春秋五霸之一。王导，东晋琅琊临沂（今属山东）人，才智过人。司马睿即位为元帝，任王导为相。桓彝过江，与王导交谈后高兴地对人说："刚才我看见管夷吾，我没有忧虑了。"王导历元、明、成三帝，位至太傅。

18. 毛遂脱颖，终军弃繻。（《卷一·七虞》）

※ 战国时期，秦国攻打赵国，平原君求救于楚，行前从食客中选了十九人随行。门客毛遂便向平原君自荐。平原君说："贤士处世，好比锥子放在布袋中，它的尖头能立时显现；而先生你在我门下三年，我却从未听说过你。"毛遂说："我现在便请让我处在布袋中。如果早处布袋中，便会脱颖而出，而不只是显示点锥尖而已。"平原君勉强答应带他前往。到楚国后，平原君游说楚王合纵，说不动楚王。毛遂见状，拔剑逼近楚王，说以厉害，最后定约而归。平原君说："先生以三寸不烂之舌，强于百万之师。"便拜毛遂为上客。

古代出入关卡先在帛上写字，然后一分为二，出关时取以合符，称"繻"。西汉人终军，少好学，年十八选为博士子弟。他徒步入关求学，关吏给了他出入关的凭证，以便通行。终军说："大丈夫西游，再也不会乘四匹下等马拉的驿车回来。"扔下凭证就走了。后来他作为使者持节到各郡国，关吏认识他，说："这位使者就是先前丢弃凭证的那个后生。"后人便用"弃繻"作为少年立志的典故。

19. 陈平多辙，李广成蹊。（《卷二·八齐》）

※ 西汉陈平，家庭十分贫困，他的同村有个富翁张负，孙女嫁了五次，死了五个丈夫，被人认为是克夫命，谁也不敢再娶她为妻。这时陈平却表示要娶她。张负说："陈平虽贫，门外多长者车辙。"这长者指有身份的人。于是就把那个寡

居的孙女嫁给了陈平。

西汉名将李广,号飞将军。他不善言谈,忠厚老实得就像个乡下人,然而天下人却很仰慕他。司马迁在《史记》中评价他道:"桃李不言,下自成蹊。""蹊"即指小路。

20. 谢安折屐,贡禹弹冠。(《卷二·十四寒》)

※ 东晋时,谢安为丞相。派他的侄儿谢玄率八万人马在淝水打败了苻坚的九十万大军。捷报传来,他依然和朋友下棋,不露一丝惊喜。下完棋进入内室,经过门槛的时候,由于太高兴了,居然连木屐底上的齿都折断了。

西汉贡禹跟王吉是很要好的朋友。王吉当了益州刺史,贡禹拍打着帽子上的灰尘为王吉、也为自己祝贺,因为他清楚这一下他就要做官了。后来王吉向汉成帝举荐贡禹,贡禹也当了官。因此当时人说:"王阳在位,贡禹弹冠。"意思是说他们意气相通,取舍一样。

两个故事,一个克制,一个张扬,两个词语后来也发生了褒贬不同的演变。

21. 长康三绝,元方二难。(《卷二·十四寒》)

※ 东晋顾恺之,字长康,学问广博精深,绘画尤为出色。顾恺之有三绝:才绝、画绝、痴绝。

东汉陈寔是位大名人,他的长子陈纪字元方,次子陈谌字季方,都有才德,声名很好,知名度也很高。父子三人号为"三君"。陈寔是这样评论元方兄弟的:"元方难为兄,季方难为弟。"成语"难兄难弟"就出于这里,但意义发生了变化。

22. 却衣师道,投笔班超。(《卷三·二萧》)

※ 北宋诗人陈师道安贫不苟取。他和赵挺之为姻兄弟,但一向厌恶其为人。一次,他要参加郊礼,天寒衣薄,妻子向赵挺之借皮裘一件给他御寒,当他知道皮袍来路后坚决不穿。

班超是东汉史学家班彪之子,班固之弟。班彪死后家贫,班超替官府抄书以养母。他曾掷下手中之笔感叹道:"大丈夫没有别的志向,应当效仿傅介子、张骞立功封侯,怎么能老是抄书呢?"后来,他以平西域之功,封为定远侯。

23. 奕宛李讷，碑赚孙何。（《卷三·五歌》）

※ 唐代人李讷，特别喜欢下棋，性情十分急躁，但是下棋时却非常宽缓。有时急躁，家里的人把棋具摆在他的面前，他也就开心地拿起棋子布算，忘了一切，也忘了恼怒。

北宋汝阳人孙何，喜好古文字。在任转运使的时候，性情急躁，要求严苛，州县的官吏都畏怕他。因此各州县都针对他的缺点，拿磨灭不清的古碑在馆中修订，孙何一来，就会去读碑辨认文字，常常遗忘一切。

24. 子猷啸咏，斯立吟哦。（《卷三·五歌》）

※ 东晋人王徽之，字子猷，王羲之的第五子。他曾经居住在一间空屋，却叫人种竹。有人问他："暂住何必如此？"子猷指着竹说："不可一日无此君。"有一天，他途经吴中，一个士大夫家种有竹子，主人明白子猷会来，就洒扫摆酒等待他来。他来时，却径走到竹园，啸咏许久后，居然也不和主人相会就走了。主人非常不高兴，王徽之却因此赏识主人，和主人相见畅谈。

崔立之，字斯立，唐元和初担任蓝田丞。县府庭院里有四行竹子，在围墙的南面有高挺的大竹子。他又种了两株松树，每日吟哦在竹松之间。假如有人问事，他总会说："我方有公事，你且去。"

25. 神威翼德，义勇云长。（《卷三·七阳》）

※ 汉末张飞，字翼德，曾和关羽一同在刘备手下为官。他英勇威武，曾经率二十骑在当阳长坂坡与曹操的追兵相敌，曹兵不敢接近他。

汉末关羽，字云长，早年与刘备、张飞桃园结义，如同兄弟。他曾经受刘备之托镇守下邳，曹操派兵围攻他，派张辽来劝降，关羽表明三约以明其志。

26. 五湖范蠡，三径陶潜。（《卷四·十四盐》）

※ 范蠡是楚国人，字少伯，春秋时为越国大夫。他辅佐越王勾践发奋图强，报会稽一战失败之耻，终于灭了吴国。他深知勾践的为人只能共患难，不能同安乐。于是便携西施泛舟五湖，后浮海入齐，改名鸱夷子皮，经商致富，人称陶

朱公。

陶渊明性格清高不羁，不为五斗米折腰。他辞官归乡后写的《归去来兮辞》有"三径就荒"之语，写他所居的柴桑旧宅，野草满径，荆棘塞门的荒凉景象。"三径"，归隐者的家园或是院子里的小路。

27. 易操守剑，归罪遗缣。（《卷四·十四盐》）

※ 东汉王烈字彦方，年轻的时候师从陈寔，以孝义著称。地方上发生争讼，大家常向王烈倾诉，有时走在半路上就回去了，有时看到他的家就回去了，深受他的德行感召。有个盗牛的人，被牛主捉到了。盗牛的人说："愿受刑罚，但不要让王彦方知道。"王烈知道这人有困难，送一匹布给他。后来，有一个老人在道上失一把剑，有人守着它，老人回来寻剑，问他的姓名，原来就是之前盗牛的人。

陈寔字仲弓，东汉人。一次小偷夜间爬进他房间，藏在屋梁上。陈寔看见后，就从床上起来，穿好衣服，铺好床褥。然后叫来子孙，对他们说："不善之人，未必本性恶；习惯成自然，才至于此。那个梁上君子就是。"小偷吃惊得掉到地上，叩首认罪。陈寔说："应是贫困所致，送给他两匹缣吧！"

28. 彩鸾书韵，琴操参宗。（《卷一·二冬》）

※ 北宋苏轼在杭州当官时，常常带艺妓琴操游玩西湖。苏轼说："我做长老，你试着参究禅学。"琴操问："何谓湖中景？"苏轼答："落霞与孤鹜齐飞，秋水共长天一色。"又问："何为景中人？"答："裙拖六幅潇湘水，髻挽巫山一段云。"又问："如此究竟如何？"答道："门前冷落车马稀，老大嫁作商人妇。"琴操领会了其中的禅理，遂削发为尼。

29. 晏婴能俭，苏轼为悭。（《卷二·十五删》）

※ 晏婴，春秋时候齐国人，为官五十多年，节俭力行。每顿饭只吃素菜，衣服也是几十年不换，妾不穿帛衣，一件狐裘能穿十三年之久。人们认为他太过节俭，可是他仍然保持这种节俭的作风。

苏轼不好奢侈，力求简朴，曾自评："仆行年五十，始知作活大要是悭耳，文以美名，谓之俭素。"吝啬本来是贬义词，可是被苏轼说成是简朴、朴素，另有意味。

30. 范居让水，吴饮贪泉。（《卷三·一先》）

※ 南朝时，梁州人范柏年拜见宋明帝，说广州有贪泉。帝问："卿州有此水否？"范答："梁州唯有文川武乡，廉（清廉）泉让（礼让）水。"又问："卿宅在何处？"答："臣所居在廉、让之间。"宋明帝认为他很好，让他当了梁州刺史。

吴隐之是东晋人，担任广州刺史。离广州二十里的地方，有个叫贪泉的泉水，相传喝了这水的人心中会产生不满足的欲念。吴隐之就取了这泉水喝下，作诗："古人云此水，一歃怀千金。试使夷齐饮，终当不易心。"在广州任职期间吴隐之始终奉公清廉。

第二部分　我与家庭

题记：你和家人的关系怎么样？孟母三迁、李密陈情……这些故事感人至深，发人深省。

1. 重华大孝，武穆精忠。（《卷一·一东》）

※ 重华即虞舜，史载他崇高的德行让尧很赞赏。他孝顺父母、友爱兄弟的美德万世流传。南宋抗金名将岳飞幼年时便忠勇仁义，其母曾在他背部刺上"精忠报国"四字，希望他将来能保家卫国。

2. 彩鸾书韵，琴操参宗。（《卷一·二冬》）

※ 晋朝吴猛的女儿彩鸾被许配给了文箫。文箫家里非常贫穷，连吃饭都成问题，彩鸾每天抄写一部韵书，卖钱养家。

3. 伯俞泣杖，墨翟悲丝。（《卷一·四支》）

※ 汉朝人韩伯俞对他母亲十分孝敬。有一次，他做错了事，母亲打他，他哭了。母亲很奇怪，说："我过去也打过你好几次，你都没哭，今天为什么哭泣？"

伯俞对他母亲说:"以前您打我,我会感到疼,知道母亲身体健康,有力气;今天您打我,我没有觉得疼,知道母亲体衰力弱,心里难过,因此才哭泣。"

东周墨子见人染丝,染青颜料丝就变青,染黄颜料丝就变黄。墨子悲慨世人的随波逐流,犹如洁丝染色,失去本来面目。

4. 直言解发,京兆画眉。(《卷一·四支》)

※ 唐太宗时,贾直言和父亲将要被流放到南海,临行前贾直言跟妻子诀别。他认为不应该连累妻子受苦,便让董氏不要等他,赶快出嫁。董氏拿绳子把头发扎起来,再用头巾包住,对他说:"不是你亲手把它解开,这头巾绝不解开。"贾直言流放二十年后才回家,董氏用头巾封住的头发依然如故。

汉朝张敞担任京兆尹,赏罚分明,当地有权势的人物,都规规矩矩,不敢胡作非为。张敞曾替他的妻子画眉毛,执掌弹劾的官员便把这事上奏给皇上。汉宣帝便问张敞有没有这回事,张敞答道:"臣闻闺房之内,夫妇之私,有过于画眉者。"夫妻感情好,本是好事,为什么总有好事者看不过去呢?

5. 康侯训侄,良弼课儿。(《卷一·四支》)

※ 宋朝胡安国,字康侯,年轻时考中进士,提举为湖南学事,担任省一级的学官。他学习刻苦,注重实践,著有《春秋传》及《通鉴举要补遗》等。他有个侄儿叫胡寅,年幼时非常淘气,有些小聪明,谁也管制不了他。胡安国就把这个侄儿禁闭在空阁里,阁中放有很多杂木。不到一年,胡寅将杂木都雕成人形。后又放入千卷书。一年多时间,胡寅就把这些书读完,并且还能背诵。后来胡寅中了进士,是一位忠义之士。

宋朝余良弼以善于教子出名,他曾写一首诗教导他的儿子,诗中说:"白发无凭吾老矣,青春不再汝知乎?年将弱冠非童子,学不成名岂丈夫!"以此勉励儿子勤奋读书。

6. 文舒戒子,安石求师。(《卷一·四支》)

※ 东汉王昶,字文舒,他曾经写了一封信教导他的儿子:万物成就得快,败亡得也快;成就得晚能够善终;委曲才能伸张,谦让才能成就德行,显示弱小实

则坚强,以这样的原则行事,事情很少有不能达到目的的。如果有人批评你,应该自我检讨。

宋朝改革派首领王安石,是唐宋八大家之一。他思考问题的方法和常人不同,一次他想替小孩子找一位教书先生,要求这位先生是学识渊博、品德崇高的读书人。大家都感到奇怪,找一个启蒙老师,教孩子认几个字罢了,何必如此费事!王安石说:"先入者为主。"就是说启蒙老师是打基础的,基础怎么样,对孩子未来影响很大,不可不慎重。

7. 陶公运甓,孟母断机。(《卷一·五微》)

※ 孟子的母亲,为了使孟子成才,曾三次搬家,目的就是为孟子学习创造良好的学习环境。一次孟子不想读书,孟母非常生气,把正在机上织的布剪断,对孟子说:"你荒废学业,就像我刚才剪断布机上的布一样,前功尽弃了!"孟子听了,理解了母亲的良苦用心,便日夜勤学,终于成了受后人崇拜的亚圣。

8. 寿昌寻母,董永卖身。(《卷二·十一真》)

※ 宋朝朱寿昌,七岁的时候,他父亲就逼迫他母亲改嫁。寿昌长大后当了官,但是一想起母亲,就不能心安理得地继续当官了。他弃官回乡,依靠刺血抄佛经赚钱做路费,外出寻母。后来终于在四川中部找到他的母亲,母子分别了五十年。

汉朝董永,父亲死了没钱办理后事。为了葬父,他宁愿卖身为奴,向乡里姓裴的富翁借了一万铜钱。父亲丧事办完,他忽然遇见一个女子,表示愿意做他的妻子。他们一起到富翁家里,这裴财主叫他们替他织三百匹缣抵债。才一个月,三百匹缣就织好了。这时,他的妻子对他说:"我是织女,因君孝,上帝令我助君偿债。"话讲完就凌空飞去。后来织女生了孩子,送回人间由董永抚养。这就是流传至今的七仙女故事的原本。

9. 梁亭窃灌,曾圃误耘。(《卷二·十二文》)

※ 孔子的学生曾参为瓜园除草,一不小心将瓜根弄断了,父亲大怒,用大杖打他。曾参趴在地上让父亲打,被打得晕过去,过了很久才苏醒过来。孔子得知

这件事便责备曾参,教导他说:"舜侍奉父亲瞽叟,小杖受之,大杖则逃开。你委身以待暴怒,如果死了,则陷父于不义。"于是曾参向老师认错,愿意改过。

10. 袁安卧雪,仁杰望云。(《卷二·十二文》)

※ 唐朝狄仁杰在武后朝当了相国,由于有功,被封为梁国公。仁杰刚出来当官时,担任并州法曹参军,家眷都留在河南。有一次仁杰登临太行山,看到白云在空中飞,便感叹说:"我亲人当在此云之下。"说完还在那里徘徊了好久。

11. 欧母画荻,柳母和丸。(《卷二·十四寒》)

※ 欧阳修的父亲在他四岁时就过世了,孤儿寡母生活非常艰苦。他的母亲,没有钱买纸笔,就用芦荻杆在地上写写画画,教欧阳修认字。欧阳修也非常勤奋刻苦。后来他考中了进士,文章名冠天下。

唐朝柳公绰的夫人韩氏,家法严格整肃,是当时官宦人家的典范。为了让儿子们深夜学习有精神,她用苦参、黄连、熊胆磨成粉末,做成药丸,让孩子含在嘴中以提神。其实吃苦药的目的是为了培养吃苦的精神啊!

12. 昙辍丝竹,裒废蓼莪。(《卷三·五歌》)

※ 羊昙是谢安的外甥,谢安特别赏识他。谢安去世后,他几年辍乐,出行也不超过西州路。有一次,由于有事路经金陵,到州门前哭得十分厉害,用马鞭叩门,诵曹植诗:"生存华屋处,零落归山丘。"触景生情,痛哭离去。

王仪是三国魏人,他由于直言而被司马昭杀害。他的儿子王裒为父亲死于非命而悲伤不已。对朝政不满,于是归隐山林,设馆教书,读到《诗经·小雅·蓼莪》中"哀哀父母,生我劬劳"这句诗时,常常哭泣不止。连门人受业也不看《蓼莪》这篇,唯恐教师触而生悲。

13. 衣芦闵损,扇枕黄香。(《卷三·七阳》)

※ 春秋鲁国人闵损,字子骞,幼年丧母。继母虐待他,只偏爱自己的两个孩子,冬天自己的孩子穿棉衣,闵损只穿芦花絮的。父亲得知这情况后,想把继母

赶走。闵损很明白事理，竭力劝止父亲，并对他的父亲说："母在一子寒，母去三子单。"他的父亲听后接受了他的意见，继母也由此醒悟过来。

汉代黄香，他九岁的时候母亲就去世了，他非常孝顺父亲。夏天时用扇子扇凉枕头席子，冬天时用自己的体温先暖被褥，然后再让父亲入睡。长大之后，他博学多识，京城里的人都称颂说："天下无双，江夏黄香。"

14. 王戎支骨，李密陈情。(《卷四·八庚》)

※ 晋代的王戎、和峤两人都死了父亲。王戎因过分哀伤，身体虚弱，瘦骨嶙峋；和峤痛哭不已，做了孝子应该做的一切事情。晋武帝对刘仲雄说："你是不是常去看望王戎与和峤？听说和峤哀伤过度，令人担心！"刘仲雄说："和峤虽然极尽孝子之礼，但精神还不错，王戎虽不备礼，却悲伤得骨瘦如柴了。我以为，和峤是生孝，而王戎则是死孝。所以，陛下应为王戎担心，而用不着担心和峤。"

李密，晋朝人，字令伯。父早亡，母改嫁，祖母把他抚养成人。晋武帝征召李密为太子洗马，李密写了一篇《陈情表》，请求皇帝允许他在家侍奉祖母。表中说："我没有祖母，就没有今天；祖母没有我，就无人赡养。我们祖孙二人，相依为命，我不能离开她呀！"晋武帝看后十分感动，下令嘉奖他，并赐给他两名奴婢，还让当地官府给他家送去粮食。

15. 苏秦刺股，李勣焚须。(《卷一·七虞》)

※ 唐朝大臣李勣的姐姐生病，他亲自煮粥，不小心把胡须都烧着了。他姐姐说："我身边多的是仆妾，何劳你亲自煮粥，把胡须都烧了。"他回答说："我哪是因为没仆从呢，现在姐姐你老了，我也老了，以后再想替姐姐常常煮粥，能办得到吗？"

16. 丁兰刻木，王质烂柯。(《卷三·五歌》)

※ 曹植《灵芝篇》中写道："丁兰少失母，自伤早孤茕；刻木当严亲，朝夕致三牲。"诗中的丁兰，相传是汉代河内人，小时候母亲就过世，他用木头刻成母亲的雕像，像活着的母亲一样侍奉她。

17. 邓攸弃子，郭巨埋儿。(《卷一·四支》)

※ 东晋时邓攸作河东太守，在石勒之乱中舍弃亲生儿子，保护了侄子。他的儿子早上丢掉晚上就找回来，第二天，邓攸把他绑在树上才离开。他丢弃儿子之后，再也没有后代。

汉代人郭巨，因家贫不能养母，母亲进食时，儿子必定分食，于是欲埋其儿，说儿子可再有，母不可复得。挖土三尺余，忽见一黄金玉釜，上有丹书曰："天赐孝子郭巨，官不得夺，人不得取。"

第三部分　我与学校

题记：学校是我们学习知识的地方，东方朔、司马光如饥似渴的学习态度，杨时对老师的恭敬尊重，可敬可爱。

1. 乐羊七载，方朔三冬。(《卷一·二冬》)

※ 东汉时，乐羊子外出求学，才过一年就跑回家中。他的妻子便使用剪刀把织机上的织布剪断，来表示半途而废的危害。乐羊子重新外出求学，七年不回，学业大为长进。

西汉东方朔，对汉武帝说："臣年十二，学书三冬，文史足用。十五学击剑，十六学《诗》《书》，通二十二万言；十九学孙吴兵法，亦诵二十二万言。可以为大臣矣。"东方朔能背诵四十四万言，可见他学习非常努力。

2. 温公警枕，董子下帷。(《卷一·四支》)

※ 司马光是北宋著名的史学家，他年轻时为了挤时间读书，用圆木做枕头，圆木枕头一转动，他就会惊醒，起来继续苦学。这枕头被称之为"警枕"。

董仲舒是西汉思想家，为了研究学问，他放下帷帐诵读经书，三年时间里眼睛都不向花园里瞟一眼。后来他提出罢黜百家、独尊儒术的建议，被汉武帝采纳。

3. 乘风宗悫，立雪杨时。(《卷一·四支》)

※ 宗悫是南朝刘宋的名将，从小有远大的志向，精心刻苦地练武。他对叔父

说："愿乘长风破万里浪。"

北宋哲学家杨时，是程颢的学生，程颢去世以后，他又去洛阳跟程颐学习。那时杨时已经是四十岁的人了，侍奉程颐却十分恭敬。有一天，程颐小睡，杨时和游酢站在旁边陪着没有离开。程颐醒了，看到他们还站在身旁，便让他们退去。这时门外积雪已经有一尺深了。

4. 孔门十哲，殷室三仁。（《卷二·十一真》）

※ 孔子的门徒颜渊、闵子骞、冉伯牛、仲弓、宰我、子贡、冉有、子路、子游、子夏称作"十哲"。

商纣王无道，殷王室大乱，箕子向纣王进谏，纣王讨厌他多嘴多舌，便把他关了起来。箕子假装发疯，跑去当奴隶。比干抱着不怕牺牲的决心向纣王讲祖宗创业艰难，纣王听了勃然大怒，便把他的心挖了出来。纣王的堂兄微子启为了保存殷王室的一点血脉，便赶紧逃到荒野去。孔子认为这三位表现虽然不同，但心里的想法，动机都是一样的，便称他们为"殷室三仁"。

5. 苏秦刺股，李勣焚须。（《卷一·七虞》）

※ 战国时东周洛阳人苏秦，开始时以连横策游说秦惠王，上了十封书而不被采纳。这时，他的黑貂皮衣已经穿破，带的百两黄金也用光了。最后衣衫褴褛，面容憔悴，只得狼狈不堪地回到家中。苏秦于是连夜翻箱找书，揣摩太公《阴符经》中的计策谋略。读书困了，就用锥子刺自己的大腿。一年后，他受命为合纵长，挂六国相印，很是威风。

6. 羊殖益上，宁越弥勤。（《卷二·十二文》）

※ 羊殖是春秋时期晋国的大夫。他十五岁时就能够不隐瞒自己的过错；二十岁，就喜欢讲仁义；五十岁，在边关当大将，能够让身边的人发自内心的与他亲近，让远方的人想归附他。赵简子称颂他说："贤大夫也，每变益上。"

战国时期，齐国人宁越向他的朋友请教做学问的问题，朋友对他说："勤学三十年就行了。"宁越说："别人休息，我不休息；别人睡觉，我不睡觉。十五年就足够了。"于是勤奋苦学了十五年，学业大有长进，成为齐威王的老师。

7. 葛洪负笈，高凤持竿。（《卷二·十四寒》）

※晋代葛洪，是古代有名的思想家、医药学家。他家贫，又多次遭受火灾，家里的藏书都被焚烧光了。他只好背着书箱，徒步求师，碰到好书就留下来抄写。著有《抱朴子》一书。

高凤，汉代名儒。有一次，他的妻子在庭院里晒麦，让他拿着竹竿赶鸡。他一手持竹竿，一手拿书，念念有词地读着。突然乌云密布，就要下雨了，高凤依旧没有发觉。等到暴雨来临，也来不及收麦了，结果很多麦子都被雨水冲走了。

8. 郑虔贮柿，怀素种蕉。（《卷三·二萧》）

※唐朝书画家郑虔曾将创作的诗、字、画呈献给宫廷，玄宗很赏识他的才华，称之为"郑虔三绝"。郑虔早年贫困，但他喜欢书法，苦于无钱买纸，便在家乡的慈恩寺里清扫柿树落叶，贮满一屋，天天用心练隶书。

唐朝名僧怀素善草书。相传他曾种芭蕉万余株，以蕉叶代纸练字，因而题自己的书室为绿天庵。他练字极勤，写秃的毛笔堆起来像座小土坟。他的书法以狂草出名，笔锋飞动圆转，如狂风骤雨。历史上将他与张旭并称为"颠张狂素"。

9. 相如题柱，韩愈焚膏。（《卷三·四豪》）

※汉代司马相如是成都人，他将东游长安。成都的北边有一座升仙桥，相如在这座桥的柱子上题字："不乘高车驷马，誓不过此桥也。"

韩愈，唐代人。他七岁读书，很勤奋，焚膏油以继晷，成为一代散文大家。苏轼称他"文起八代之衰，道济天下之溺"。

10. 服虔赁作，车胤重劳。（《卷三·四豪》）

※服虔是汉代人，他想注《春秋》一书。听说崔烈讲解《春秋》，就隐姓埋名请求崔家雇用他。当崔烈讲解时，服虔就偷听他讲。不久以后，他知道崔烈不能胜过自己，就跟诸生议论他的长短。崔烈知道他原来就是服虔，就跟他成为好朋友。

晋时的车胤，家境贫寒，常无油点灯，夏夜就捕捉萤火虫，用以照明夜读。后来以谢公兄弟为师，向他们学习，好学勤问，大有长进，他对袁羊说："不问有知识搞不明白，但是多问又反复劳累谢公兄弟。"袁羊说："哪里见过镜子因为一直被照而疲累，清流会害怕惠风呢？"重劳，反复劳累。

11. 张仪折竹，任末燃蒿。(《卷三·四豪》)

※ 张仪是战国时纵横家代表人物之一。他年轻时曾经替人家抄书，遇到没见过的好句，就把它写在掌中或大腿上，晚上回到家后，就折竹抄写，久而久之，就集成册子。

任末是宋代人，他勤奋好学，自编茅草，在竹木间建起小草屋，削柴做笔用。到了晚上就燃蒿以照明读书。

12. 马融绛帐，李贺锦囊。(《卷三·七阳》)

※ 汉代马融，桓帝时担任南郡太守。他是个博学多识的贤才，有学生千余人。马融坐在高堂之上，挂着红帐，在前教授学生，后面列女奏乐，其弟子按照学识高低，高的能够教低的。但是很少有人能到房间里去。

唐代诗人李贺，他每天出门，骑一头弱马，小书僮背着锦囊，跟随在他的后面。吟成片言只语，写好后投到锦囊中，到晚上回来的时候，就整合成篇。他母亲曾说过，这个孩子一定要呕出心才停止！

13. 匡衡凿壁，孙敬悬梁。(《卷三·七阳》)

※ 汉时人匡衡，小时候家境贫寒，但非常好学。得知同县大姓藏书丰富，他就去做大姓人家的佣仆，不要他们的报酬。主人感到很惊讶，就问为什么，匡衡说："愿得藏书遍读之。"主人深受感动就把藏书给他看，有时晚上读书没有蜡烛，他就凿穿墙壁，借邻居的灯光来读书。

汉时人孙敬，他好学不倦。为了防止瞌睡，凡是夜晚读书，都要把头发用绳子系在房梁上，假如睡了，头发被绳子一拉就会醒过来，这样就能够继续读书了。

14. 御车泰豆，习射纪昌。(《卷三·七阳》)

※ 西周时，造父想随泰豆学习驾车之术。然而泰豆三年都不教他，造父并未因此不高兴，反而更加谨慎而恭敬地对待泰豆。泰豆被他感动，对他说："学驾车，要先随我疾走，然后六辔可持，六马可御。"于是他就立木为路，只可容足，沿木而走，跑步往返，不摔跤。造父依照泰豆的要求练习，仅用三天时间就全部学会了所应该掌握的要领。后来，泰豆还教他得心应手的妙法。

《列子·汤问》记载：纪昌想和飞卫学习射箭之术。飞卫告诉他，学射须先学会不眨眼。纪昌回到家后，每天躺在织布机下，睁着眼看梭子来回穿动。三年之后，锥尖要触碰眼睛他也不会眨眼。飞卫对他说："要视小如大，视微如著。然后再来告诉我。"纪昌用马尾把虱子悬挂在窗户前面，每天看它，虱子渐渐变大了。三年后，再看虱子就像车轮一样。看别的东西则大得像山一样。此时，他能够射虱心而马尾不断。

15. 王勃心织，贾逵舌耕。(《卷四·八庚》)

※ 唐初王勃，六岁能文，九岁那年读颜师古的《汉书注》，然后写了《指瑕》一书，指出书中的错误。他诗文优美，同杨炯、卢照邻、骆宾王齐称初唐四杰。所到之处，人们都请他写文作诗，因此得到许多酬赠的金子丝绸。世人都说王勃是"心织笔耕"。王勃写文章时，先磨好许多墨汁，然后盖上被子蒙头卧床，突然爬起，提笔挥墨不做修改，一气呵成。当时人们都称这是"腹稿"。

东汉贾逵，字景伯，家境寒微，他设立学堂，招收弟子教书。到他那里学习的人不远万里而来，使他收到很多粮食，慢慢装满了仓库。有人说，贾逵不靠出力种地得到粮食，而靠教授经典古籍，这是"舌耕"所得。明帝时，赐他纸笔作《神雀颂》，并任为郎，与班固一起校点宫中藏书。

16. 张绰剪蝶，车胤囊萤。(《卷四·九青》)

※ 晋代车胤，家境贫寒，年幼好学，但是没有油灯照明。夏天，他捕捉萤火虫并把它们放进丝布口袋，用来代替油灯，照明读书。

第四部分　我与社会

题记：娄师德宽容公正，张镇周公私分明，刘宠廉洁自律。社会，是需要心胸、原则、真诚的地方。

1. 和凝衣钵，仁杰药笼。(《卷一·一东》)

※ 衣钵，是从佛教里面演化而来的，衣是指住持或方丈的袈裟或法衣，钵是僧人化缘用的器皿。五代的和凝在今世考试中排名十三，后来范质考试的名次和做的官都和和凝一样，和凝很喜欢他，说他传了自己的衣钵。

唐代的元行冲很受狄仁杰器重，下面的人侍奉上级，都会说好听的话，但是他对狄仁杰说："我做你的一味药，好吗？"狄仁杰说："你就是我药笼中的一物，不可以一天没有啊！"你是不是也能够成为一味对好友有用的药呢？

2. 魏公切直，师德宽容。(《卷一·二冬》)

※ 宋朝魏国公韩琦，是仁宗时期的宰相，耿直敢言，从不怕得罪人。

唐朝娄师德在武则天执政时任宰相，为人宽宏大量。他曾举荐狄仁杰为相，而狄仁杰却非常看不起他，时常排挤他。武则天问狄仁杰娄师德是否贤明，狄仁杰回答说："不知道。"武则天对狄仁杰说："我之所以信任你，正是因为娄师德举荐你。"狄仁杰于是承认自己的心胸比不上公正举荐人才的娄师德。

3. 鲁恭三异，杨震四知。(《卷一·四支》)

※ 东汉鲁恭担任中牟县县令，邻近各县蝗灾泛滥，而中牟县却没有蝗害，他的上司河南尹袁安派下属来视察。下属看见有一只雉鸡从一个小孩身边经过，就问小孩为什么不捉，小孩子回答说："现在雉鸡正在带小雉鸡，不能捉。"他听了也不再视察了，对鲁恭说："蝗虫不飞到你们县界，野雉不怕人，小孩子有仁爱之心，这是三桩奇特的事。"说完便向鲁恭告辞回郡复命。

东汉大臣杨震被派到东莱担任太守，途中经过昌邑，他所举荐的荆州秀才王密在这里做县令，夜里揣着十斤金子来赠给杨震。杨震指责他说："作为老朋友，我了解您，您却不了解我，这是为什么？"王密说："夜里没人知道这事。"杨震说："天知，地知，我知，你知，怎么说没人知道呢？"王密听到后非常羞愧地离开了。

4. 刘公殿虎，庄子涂龟。（《卷一·四支》）

※ 北宋人刘安世担任谏官时，敢于向皇帝提意见。当他和皇帝争辩时，皇帝旁边的侍从和一些大臣都站在稍远处观看，不敢靠近。个别胆子小的还吓得发抖，浑身冒冷汗。人们称他是"殿上虎"。

战国时道家学派的代表人物庄周在濮水边钓鱼，楚威王派两个大夫向他传话，说楚威王期望把政事委托给他。庄子头也不回地说："我听说楚国有只神龟已经死了三千年了，君王把它的壳盛在匣子里，用红布包裹着，供在庙堂之上。请问，这只龟是希望留下龟甲让人恭恭敬敬地供在案头上好呢，还是愿意活着拖着尾巴在烂泥地里爬好呢？"两位大夫说："当然活着好。"庄子说："那就请你们离开吧，我还是宁愿拖着尾巴在烂泥地里爬啊！"

5. 召父杜母，雍友杨师。（《卷一·四支》）

※ 汉朝召信臣，担任上蔡县县令时，爱民如子，当地民众爱他就像爱自己的父亲一样，把他称为"召父"。东汉杜诗，光武时被提拔为南阳太守。他在自己的管辖区内除暴安良，免除老百姓的徭役，老百姓十分感激他，把他称为"杜母"。

南宋抗金名将张浚问杨用中："你曾在梁洋一带当官，那地方有人值得我去结交吗？"杨用中回答说："杨仲远可以为师，雍退翁可以为友。"由此可见古人择友非常严谨。

6. 伍员覆楚，勾践灭吴。（《卷一·七虞》）

※ 伍员，字子胥，春秋时楚国人。他的父亲伍奢、哥哥伍尚为了保全太子而力谏平王，结果被杀。子胥逃往吴国，发誓要为父兄复仇。于是他和孙武一同辅佐吴王阖闾讨伐楚国。五战而夺下楚都郢。当时平王已死，子胥掘开平王坟，鞭尸三百。

春秋末年，勾践用谋士范蠡的计谋，愿与妻同为吴王的奴隶，并用重金、美女贿赂吴太宰伯嚭。伍员竭力反对议和，认为勾践是贤君，文种、范蠡是良臣，若让他们回国而不乘机灭越，将来一定要后悔。吴王不听。勾践在处理内政上信任贤臣文种，外交、军事上信任范蠡。十年后，越国经济恢复并得到发展，军队强大了，终于灭了吴国。

7. 赵抃携鹤，张翰思鲈。（《卷一·七虞》）

※ 北宋仁宗朝的殿中侍御史赵抃，弹劾违法之事不惧权贵，京师称之为铁面御史。赵抃为政清简，他当益州路转运使时只携一琴一鹤相随。当他再任成都知县时，连琴、鹤也去掉了，只带一名随身执事。

西晋的张翰有文才，被齐王司马冏召为大司马东曹掾。当时政局动乱，他为避祸，急求脱身回乡，说："人生贵在生活得舒心满意，怎能受官职的拘束，奔波千里以求爵位呢？"便借口思念家乡的鲈鱼味美，打点行装动身回乡。不久，司马冏在内乱中被杀。

8. 直言唐介，雅量刘宽。（《卷二·十四寒》）

※ 宋仁宗时御史唐介弹劾名望很高的文彦博结交后宫，窃取相位，仁宗皇帝看了他的奏疏后大怒，把他贬为英州别驾。

汉朝刘宽，为人仁慈宽厚。在南阳做太守时，小吏、老百姓做了错事，他只是让差役用蒲鞭责打，以表羞辱。他的夫人为了试丈夫是不是如人们所说的那样仁厚，便让婢女在他和下属集会办公的时候捧出肉汤，把肉汤倒在他的官服上。结果刘宽不但没发脾气，后而问婢女："肉羹烫了你的手吗？"还有一次，有人曾错认了他驾车的牛，硬说这牛是他的，刘宽也不争辩什么，叫车夫把牛解下交给那个人，自己走路回家。后来，那人找回了自己的牛，便把牛送还给刘宽，并且向他道歉，刘宽反而还安慰那个人。

9. 魏征妩媚，阮籍猖狂。（《卷三·七阳》）

※ 唐太宗的宰相魏征，以敢于直谏而闻名于世。他曾因事进谏唐太宗，太宗不同意。他就不应答太宗的问话。太宗说："先答应再进谏，有什么妨碍？"魏征就说："从前舜戒'面从'，今臣心知其非而口应陛下，这就是'面从'。这难道是贤臣事明君之法吗？"太宗笑着说道："别人说魏征疏慢，我看他觉得妩媚。"

阮籍处在魏晋易代之时，社会动荡不安，司马氏专权，所以他总是纵酒谈玄，不评论人物好坏，也不议论时事，以求得保住性命。有时索性闭门读书，接连几个月也不出门。有时就去登山游览自然风光，一整天也不回来。有时心中没目的也没方向地驾车，到了无路可走了才痛哭而回。

10. 黔娄布被，优孟衣冠。（《卷二·十四寒》）

※ 战国时齐国的隐士黔娄子，坚守正道，从不更改自己高洁的品行。他家里很贫寒，死的时候只有一床短短的布被。他的妻子用布被给他盖尸，要么露头要么露脚。曾子说"斜其被则敛矣。"他的妻子不接受，认为他一生德行端正，怎么能在死后斜着被子盖他的遗体呢？便说："斜而有余，不若正而不足。"

楚国的丞相孙叔敖，为官清正廉洁。他死后不久，家里生活就十分艰苦。他的儿子只得替人挑柴维持生计。优孟得知后感慨万千。他便把自己化装成孙叔敖去见楚庄王，楚庄王以为孙叔敖复生，要他做楚国的丞相，他拒绝了。他说楚王无情，孙叔敖做了多年丞相，为楚国做出了那么多的贡献，如今他的儿子还以为人担柴养活自己，楚国的丞相不能做。楚王听了后就召见孙叔敖的儿子，赐给他一块封地。

11. 镇周赠帛，虑子驱车。（《卷一·六鱼》）

※ 唐朝张镇周，在唐高祖武德年间被调任为舒州都督，就任前，他在自己的老宅里宴请亲戚朋友。大家痛饮了十天，他再送客人们钱财布匹，然后告诉他们，今天大家是亲戚朋友，明天我是官你是民、公事公办，大家要好自为之。由于事先作了交代，亲戚朋友们都不敢为非作歹，境内秩序井然，社会治安稳定。

春秋时，鲁国人虑不齐，字子贱，到单父做地方官。人还没到单父，当地有权位的人纷纷乘车在半路上迎接他，虑不齐把他们全赶了回去。到单父后，他礼遇当地的老年人，敬重有才德的人，与他们一同治理地方上的事情，达到了垂手而治的境地，孔子赞誉他是君子。

12. 爽欣御李，白愿识韩。（《卷二·十四寒》）

※ 东汉末年，李膺道德崇高，是当时大名士。他跟普通人没有来往，只以荀

淑为师。荀淑的儿子荀爽很钦慕李膺,有一次他要求为李膺驾车。回来以后,他非常开心,对人家说:"我今日给李君驾车了!"

唐朝韩会,玄宗时为荆州刺史,人称韩荆州。大诗人李白当时流落江汉,敬慕他的为人,作《与韩荆州书》说:"生不用万户侯,但愿一识韩荆州。"

13. 李佳国士,聂悯田夫。(《卷一·七虞》)

※ 唐代诗人聂夷中曾写过一首《伤田家》诗:"二月卖新丝,五月粜新谷。医得眼前疮,剜得心头肉。我愿君王心,化作光明烛。不照绮罗筵,只照逃亡屋。"二月、五月本不是卖丝、粜谷的季节,农民迫于租债不得已预先抵押出去。这情形深刻反映了封建社会的阶级对立和农民的悲惨境遇。

14. 善讴王豹,直笔董狐。(《卷一·七虞》)

※ 春秋时晋灵公要杀忠谏的正卿赵盾,赵盾出逃。他同族的赵穿杀了晋灵公,赵盾便回来拥立成公。史官董狐却直书史实,在史册上写道:"赵盾弑其君。"公布于朝廷。因为他认为赵盾身为正卿,逃亡没有出境,回来也不诛杀乱臣,因而晋灵之死,他有不容推卸的责任。孔子称赞董狐为古之良史。

15. 瑕丘卖药,邺令投巫。(《卷一·七虞》)

※ 战国魏文侯时邺地(今河北临漳县)的漳河常闹水灾,当地的乡绅、长老、县吏与女巫相勾结,诈骗百姓财物。每年他们要选民家女子沉入漳河,美其名曰"河伯娶妇"。邺令西门豹上任后,借口与河伯通音讯,将女巫和长老投入河中,这一陋习才得以革除。他又率领百姓开凿了十二条水渠,引漳河水灌溉农田,百姓因此而富足。

16. 重耳霸晋,小白兴齐。(《卷二·八齐》)

※ 重耳是春秋时期晋献公的儿子。由于献公宠爱骊姬,就误信谗言杀了太子申生,重耳被迫逃亡。后来,重耳回国当了国君,就是晋文公。文公在内修明政治,在外号召诸侯勤王,迎周襄王复位,树立了政治威信。不久在践土会盟诸侯,周王册封他为侯伯,也就是霸主。

齐襄公的弟弟齐桓公名小白。齐襄公无道，几个弟弟为了避难都逃往国外。后来襄公被杀，小白趁机回国夺取王位，即位后重用管仲进行改革，奋发图强。齐国成为春秋五霸之一。

17. 令严孙武，法变张巡。（《卷二·十一真》）

※春秋时期，孙武以《兵法》十三篇，面见吴王阖闾。吴王想试试他的兵法，就让他训练宫中一百八十名美女。孙武把她们分成两队，每队用吴王最宠爱的美女当队长。孙武对她们进行训练，三令五申，她们都视同儿戏，孙武便按军法斩了两个队长，这些美女就听指挥了。吴王阖闾相信了他的军事才能，便用他为将。他曾率军伐楚，五战破郢。

唐朝张巡用兵不死搬古代的兵法。他统帅部队作战，就是让手下将领各出主意。有人问他，他说："胡人善马战，速度快，变态百出，故我们只要兵识相意，将识士情，上下相习，各自为战，就可以获胜了。"安史之乱时，他在内无粮草、外无救兵的情况下，抵御叛军十万坚守睢阳城数月，对阻止叛军南侵江淮起了重大作用。后城陷被俘，他不屈而死。

18. 何奇韩信，香化陈元。（《卷二·十三元》）

※楚汉相争时，韩信最初投奔项羽，但未得重用。他又另投刘邦，萧何与他谈了几次，大为赏识他的才能。韩信还不获重用，于是又一次跑了。萧何听说后，来不及报告刘邦，就亲自前去追赶。刘邦说："最近逃亡的人多达数十个，你一个都没追，倒去追韩信了。"萧何解释说："别的逃跑者易得，他则是国士无双。大王必欲争天下，除去韩信没有第二个人能为你定计略。"

仇览又名香，东汉人，曾任蒲亭长。一天陈元母亲起诉儿子不孝，他劝老人说："守寡养孤，实属艰难，怎么让儿子受法律制裁呢？"老人感悟后离去。他便亲自到陈元家，用为子的道义开导陈元，陈元最终成了孝子。

19. 唐宗三鉴，刘宠一钱。（《卷三·一先》）

※唐太宗曾把魏征看作一面镜子，魏征死的时候，他相当悲伤，对侍臣说："夫以铜为鉴，可正衣冠；以古为鉴，可知兴衰；以人为鉴，可明得失。朕尝得此

三鉴，今魏征逝，亡鉴矣。"

　　刘宠是东汉时会稽太守，奉公守法，是个好地方官，深受百姓的爱戴。在调往京师时，山阴五个老叟各送一百个铜钱作为饯行的礼物。刘宠为了满足这些老头的心意，各选一只大的铜钱，过了山阴界后，就把钱投入江中。当时人们把他称为一钱太守。投钱的江，叫做钱清。如今浙江绍兴还存有钱清镇。

20. 汉家三杰，晋室七贤。（《卷三·一先》）

　　※ 汉高祖取得天下后，对群臣说："运筹帷幄，决胜千里，我不如子房；镇抚百姓，馈饷不绝，我不如萧何；连师百万，战胜攻取，我不如韩信。三者皆人杰，我能用之，所以取天下。项羽有一范增而不能用，所以为我所败。"汉高祖的这一席话，让群臣十分高兴，相当钦佩他。

　　三国魏末，司马氏当政，当时有七贤分别是：阮籍、嵇康、山涛、向秀、阮咸、王戎、刘伶，他们经常在竹林下聚宴，号称竹林七贤。

21. 季札挂剑，吕虔赠刀。（《卷三·四豪》）

　　※ 季札是春秋吴国人，曾出使鲁国，路经徐地，徐君喜欢季札的剑，却不敢开口，季札心里知道。因为要出使强大的国家，所以没赠送给他，等到从鲁国回来又经徐地时，徐君已去世。季札解下剑挂在他的坟树上说："始我以心许之，岂以死背我心哉！"当时的人编歌谣唱："延陵季子兮不忘故，脱千金之剑兮挂丘墓！"

　　晋时有个人叫吕虔，有把佩刀。相士认为有相当身份的人才可以佩这种刀。吕虔对王祥说："卿有三公之才，聊以相赠。"几年后，王祥将死时，把这把刀授给他的弟弟王览，他弟弟的后代多是贤才，在江左是很出名的。

22. 老人结草，饿夫倒戈。（《卷三·五歌》）

　　※ 春秋晋大夫魏武子临死前，吩咐魏颗，用他的小老婆来陪葬。魏颗不听他父亲的话，把他的小老婆嫁出去。后来，魏颗同秦将杜回作战，只见一个老人结草让杜回仆倒于地，于是魏颗活擒杜田。到了晚上，魏颗梦到那老人对他说："我是你所嫁妇人之父，感君恩德，今结草相报。"

春秋晋国人灵辄，家境非常贫寒，饿昏在翳桑。有个叫赵盾的，给他送食物，也给他的母亲送去吃的，让他母子得以充饥。后来灵辄担任晋灵公甲士，晋灵公伏甲士想杀赵盾，灵辄倒戈救盾。盾问他为什么要这么做，他说："我是翳桑的饿人啊。"

23. 退之驱鳄，叔敖埋蛇。（《卷三·六麻》）

※ 唐朝韩愈，字退之，到广东潮州任刺史，非常关心百姓疾苦。老百姓向他诉苦，水里鳄鱼很多，把人和牲畜快吃光了。于是韩愈设立祭坛，写了一篇《祭鳄鱼文》，亲自祭祀神灵，请求鳄鱼自行离开。当天夜里，电闪雷鸣，狂风暴雨大作，鳄鱼就迁移到潮州西面六十里之外去了。从此百姓安居乐业。

春秋时楚国有位孙叔敖，他小时候在外面玩耍，看见一条两头蛇。当时人们都认为，谁见了两头蛇就会死。孙叔敖为了不让别人再看见它，就把它打死埋掉了。回家后哭着告诉母亲说："我快要死了，不能孝敬你了。"母亲说："你埋了两头蛇，为别人做了好事，积了阴德，就会有好报，不会死的。"孙叔敖长大以后，以心地善良名闻远近，楚庄公就请他去做官，后来成为著名的宰相。

24. 昙迁营葬，脂习临丧。（《卷三·七阳》）

※ 南朝人释昙迁，是范晔的好朋友。范晔犯罪被处以死刑，亲戚朋友都不敢靠近。只有昙迁不一样，他变卖主物，全部用于葬礼。南朝宋孝武帝得知这件事，赞誉不已，并告诉徐爰："卿著《宋书》，勿遗此士。"

东汉末年人脂习，与孔融是好朋友。到了孔融被处以死刑的时候，许昌这地方的官员以及与孔融很好的人都不敢收尸，只有脂习伏在尸体上痛哭，说："你离我而去了，今后还有谁可共交谈？"魏武帝想以此治他的罪，由于这事还是正当的，就原谅了他。

25. 杲卿断舌，高祖伤胸。（《卷一·二冬》）

※ 唐朝安禄山叛乱，常山太守颜杲卿起兵抵抗。安禄山攻陷常山，杲卿被俘。他英勇不屈，大骂安禄山。安禄山大为恼怒，下令割断他的舌头，他喷血而死。文天祥在《正气歌》中称为"颜常山舌"。

刘邦和项羽在广武对阵，刘邦严厉指出项羽十项罪过，项羽大为震怒，命伏兵射击刘邦，刘邦胸部中箭，但是他却用手捂住足部，说脚趾受伤。他这样做是为了稳定军心，是一种领军的智慧。

26. 信陵捕鹞，祖逖闻鸡。（《卷二·八齐》）

※ 西晋末年，北方羯人领袖石勒作乱，攻陷洛阳。祖逖带着一百多家部下移居江南，立志收复北方失地。他和刘琨一同担任司州主簿时，两人睡一张床铺，黎明时听到鸡鸣声，他就用脚轻轻地踢刘琨，一同起床舞剑。晋元帝任命他为豫州刺史、奋威将军。他积极备战，短短几年时间，便收复了黄河以南的大片失地。

27. 豫让吞炭，苏武餐毡。（《卷三·一先》）

※ 晋卿智伯被赵襄子杀死，家臣豫让决心报仇，又怕被赵襄子认出，于是用生漆涂身上，全身长满癞疮；又吞吃木炭，使声音嘶哑。后乔装打扮成乞丐，等待机会行刺。

汉代时，苏武出使匈奴，被扣留。卫律劝他投降，他坚决抵抗。匈奴把他流放到阴山大窖中，吞雪餐毡，拿着节符放公羊。匈奴说公羊怀孕才能够回去。苏武被羁在漠北达十九年之久才回国。

28. 宋臣宗泽，汉使张骞。（《卷三·一先》）

※ 宋将宗泽能文能武，李纲推荐为东京留守，抗击金兵，十三战都获胜。他屡次上书力请高宗还都开封，收复失地，都没被采纳。后来因为忧愤成疾，临终前三呼过河。

汉武帝时，张骞出使西域，到大宛国，把葡萄种带回国种植，用以酿酒，十年不坏。到达大夏，又得到筇竹，他留在西域十多年。

29. 相如完璧，廉颇负荆。（《卷四·八庚》）

※ 战国时赵国从楚国得到了和氏璧，秦昭襄王告诉赵王，声称愿用十五座城池换取它。蔺相如带上璧来到秦国，献给秦王。但秦王没有一点划城池给赵国的表示。蔺相如于是说璧上有瑕疵，收回璧，让秦王斋戒五天然后正式交璧，暗中

却派人把璧送回了赵国。

廉颇和蔺相如都为赵国大臣，先前蔺相如在渑池挫败了秦王侮辱赵王的阴谋，以功封上卿，地位在廉颇之上。廉颇不服气，准备当众侮辱他，蔺相如便处处躲避着不与廉颇碰面。相如的门客以为这是耻辱，蔺相如告诉他们说："秦国不敢进攻赵国，是由于赵国有我和廉将军的原因。我之所以这样，是考虑到国家的安危重于个人恩怨。"廉颇听说后，便脱掉衣服，背负荆条登门请罪，两人从此结为生死之交。

30. 营军细柳，校猎长杨。(《卷三·七阳》)

※ 汉文帝时的将军周亚夫，驻军细柳，以防御匈奴。刘礼驻军霸上，徐历驻军棘门。汉文帝亲自去犒劳他们。先到霸上、棘门，然后到细柳，先导告知："天子将至。"军门都尉说："军中只听将军令，不听天子之诏。"文帝就派人持节诏将军，周亚夫就下令开门。门卫又说，将军有令：营中不得跑马。文帝就按辔慢走。走到军营当中，周亚夫说："甲胄之士不能拜。"文帝对随从的人说："真将军也！霸上、棘门如儿戏耳！"

汉成帝外出打猎，把捕捉到的野兽送往长杨宫，向胡人夸耀，但是老百姓却不得安宁。因此，扬雄写《长杨赋》给予嘲讽。

第五部分　我与生活

题记：一个有趣味的人一定是一个会生活的人，爱吃螃蟹的钱昆，会给李泌烧梨吃的唐肃宗，"情趣"二字给他们生命增添了光彩。

1. 敝履东郭，粗服张融。(《卷一·一东》)

※《史记》上说东郭先生困窘的时候，鞋子有上无下，行走雪中，脚板踏地。别人笑他，他却逍遥自在。

张融是南朝齐的文学家、书法家，平时衣服很粗敝，高帝看不下去了，说："你穿衣朴素，是做人的美德。但是千万不要过于破烂，这样会影响礼仪。今天我送你一套我的旧衣服，我平时很少穿，质地也好，胜过你买的新衣，已经叫裁缝按你的身体标准改过了。"

2. 钱昆嗜蟹，崔谌乞麋。（《卷一·四支》）

※ 宋朝钱昆非常喜欢吃螃蟹，有人问他最大的心愿是什么，他回答道："只要有螃蟹，不做通判也可以。"

北齐西河郡太守崔谌倚仗他弟弟的权势，向李绘索取麋角、鸽羽，李绘回信断然拒绝，而且狠狠地讥讽他一下，回信说："鸽有六羽，飞则冲天；麋有四足，走便入海。下官手足迟钝，实在不能捕得麋鸽，以事权贵！"让崔谌自讨没趣。相比起来，只要螃蟹不要官的钱昆就可爱多了。

3. 更衣范冉，广被孟仁。（《卷二·十一真》）

※ 东汉范冉，年轻时跟尹包友善，他俩家里都很穷，出入只有一件红色的衣服。每次外出访友，年长的尹包先穿那件红衣服出门，回来后再把衣服脱下给范冉穿。

东汉时孟仁，年轻的时候他母亲给他做了床又大又厚的被褥，有的人觉得奇怪，便问他母亲为什么要缝这么大的被，他母亲说："小儿无德致客，客多贫，故为广被，使之便于结交朋友。"

4. 曼卿豪饮，廉颇雄餐。（《卷二·十四寒》）

※ 宋朝石延年，曾在海州担任副职。他非常喜欢喝酒。有一天一个朋友来访，他把朋友留下喝酒。一直喝到半夜，酒喝完了，剩下一斗多的醋，他也把醋喝了，喝尽了才甘休。

战国时，赵国的大将廉颇威震齐楚，被封为信平君。悼襄王即位后，便把廉颇撤换下来让乐乘接替他的位置，廉颇大怒，便投奔魏国。后来赵国被秦兵围困。悼襄王束手无策，便想起廉颇。他派人到魏国去请廉颇。廉颇的仇人郭开担心廉颇回到赵国，便贿赂使者，让使者诋毁廉颇。使者到魏国看到廉颇，廉颇为了表现自己宝刀未老、雄风还在，在使者面前吃了一斗饭、十斤肉。使者由于受了贿赂，便向赵王禀报说："廉将军虽老，还能吃饭，但吃一顿饭要上三次厕所。"赵王便打消了廉颇回赵国的念头。

5. 公孙白纻，司马青衫。（《卷四·十五咸》）

※ 纻，苎麻纤维织成的布。公孙侨字子产，是春秋时郑卿。吴国使者季札出

使鲁国，顺道访问齐、郑、晋、卫这几个国家。他在郑国时遇见了子产，就像老相识，把缟带赠送给子产，子产用纻衣回赠他。

唐朝诗人白居易，被贬为江州司马。一天晚上，他送客到浦口，听见从邻船传来的琵琶声，非常感动。得知是长安故妓所奏，他作了《琵琶行》一诗，诗的最后一句是："座中泣下谁最多，江州司马青衫湿。"

第六部分　我与自然

题记：自然中有美丽的风景、灵性的生物。虎跑的清泉、林逋的梅花、陆机的爱犬，都会唤醒你的妙想和神思！

1. 湖循莺脰，泉访虎跑。（《卷三·三肴》）

※江浙一带有很多湖泊，莺脰湖在江苏吴江县西南，形状像莺脰，因此得名。

杭州虎跑山上有个虎跑寺，有泉水自山岩中流出来，称为虎跑泉。相传，唐元和的时候，性空大师在虎跑寺坐禅，没水，想迁往别的地方。梦到神人派老虎移水来，第二天当真看到有两只老虎用脚创地，随后泉水涌出，清凉甘甜。

2. 柳眠汉苑，枫落吴江。（《卷一·三江》）

※《三辅旧事》中说，汉苑有柳，形状像人，因此叫"人柳"，每天三眠三起。

唐代崔信明担任秦川令，总是以诗文自负。有一次郑世翼问他："听说你有'枫落吴江冷'的诗句，可以拜读别的诗篇吗？"崔信明高兴地拿出其他诗篇，郑没看完就摇头说："真是所见不如所闻啊！"遂将稿投进水中。

3. 董昭救蚁，毛宝放龟。（《卷一·四支》）

※汉朝董昭之在横渡钱塘江时，看到江面上浮着一枝短芦苇，上面有一只大蚂蚁，董昭之便牵着芦苇到岸边，这只巨蚁获救了。相传后来董昭之被人诬陷，关在杭州的监牢里，有许多蚂蚁前来把他的枷锁咬断了。董昭之便逃出监狱，到山中避祸去了。

晋朝人毛宝十二岁时看到一个渔夫捕到一只白龟，感觉很新奇，便用钱买下放生。后来毛宝做了邾城守将，与石虎交战，打了败仗，便要投江自杀。落到水中时，脚下踩到一个硬硬的东西，到了岸边，才知道是他先前放生的白龟救了他的命。

4. 士衡黄耳，子寿飞奴。（《卷一·七虞》）

※西晋文学家陆机，字士衡，相传他有一条爱犬名黄耳。一天他对犬开玩笑说："吴中久绝家讯，你能去取回消息吗？"爱犬摇尾作声，似解人意。于是他便把书信藏在竹筒里，系在犬颈上。爱犬去了一个月后返回，果然捎回了家书。从此以后陆机便经常让它传递信件。

唐朝诗人张九龄，字子寿。少时喜养群鸽，他给亲友写信，都系于鸽足，令其前去投递，称之为飞奴。

5. 渊明赏菊，和靖观梅。（《卷二·十灰》）

※东晋陶潜，字渊明，隐居在乡里，平常喝酒作诗，在东篱边种植菊花，欣赏菊花高洁的品质，悠闲自在。

北宋林逋，在西湖孤山隐居了二十年，他无妻无子，梅为妻，鹤为子。咏叹梅花的诗有"疏影横斜水清浅，暗香浮动月黄昏"。

第七部分　我与艺术

题记：文采飞扬的文人墨客，匠心独具的书画名家，技艺超拔的能工巧匠……艺术世界何其精彩纷呈。

1. 刘诗瓿覆，韩文鼎扛。（《卷一·三江》）

※瓿覆意为盖酱缸，即没有什么价值，这是自谦之词。明代刘基，字伯温，是元代的进士，弃官隐居在青田山。明太祖征召他入朝，刘伯温陈述有关时事的十八项策略，帮助太祖成就了帝业，著有《覆瓿集》。

唐朝韩愈，字退之，他领导古文运动，为文气势雄伟，说理透彻，逻辑性强，被尊为唐宋八大家之首。"龙文百斛鼎，健笔乃独扛"就是讲他的文章特色的，所

以后世称"韩文扛鼎"。

2. 枚皋敏捷，司马淹迟。(《卷一·四支》)

※ 西汉枚皋才思敏捷，喜欢写赋颂，而且写作速度非常快。扬雄说：军旅之际，戎马之间，飞书驰檄，则用枚皋。意思是说战争期间，军事紧急，不能迟缓，写军中文书，告示之类必须使用写文章的快手，枚皋再合适不过了。

西汉司马相如是写赋的好手，他的辞赋典雅温丽，文采斐然。《文心雕龙·神思》说："相如含笔而腐毫。"意思是构思时把笔上的毛含在嘴里都含烂了，可见构思之慢。这两则故事表明写文章快有快的用处，慢也有慢的好处，是不能依据速度定高低的。

3. 东阳巧对，汝锡奇诗。(《卷一·四支》)

※ 明朝李东阳，是一位著名的文学家。他小时聪慧过人，被举为神童。有一次皇帝召见他，由于年纪小，宫殿门槛高，他跨不过来，皇帝见了，说："神童足短。"他回答说："天子门高。"竟然对得很工整。皇帝把他抱在膝上，他的父亲还跪伏着向皇帝行礼。皇帝想为难一下李东阳，就问他："子坐父立，礼乎？"他回答说："嫂溺叔援，权也。"竟然引经据典来了一个巧对。皇帝又说："螃蟹浑身甲胄。"他回答说："蜘蛛满腹经纶。"不但把一个动物对上，并且还巧妙地暗示自己满腹经纶。

宋陈汝锡小时聪慧过人，曾把自己做的一联诗句拿给大诗人黄庭坚看，诗中说："闲愁莫浪遣，留为痛饮资。"黄庭坚看了对他称赞不已。

4. 谢名蝴蝶，郑号鹧鸪。(《卷一·七虞》)

※ 宋代诗人谢逸屡举进士不第，后以诗文自娱。他擅写蝴蝶诗，有蝴蝶诗作三百余首，多佳句，人称谢蝴蝶。

唐代诗人郑谷，字守愚。在昭宗时任都官郎中，人称郑都官。他传世最著名的是《鹧鸪》诗，诗云："暖戏烟芜锦翼齐，品流应得近山鸡。雨昏青草湖边过，花落黄陵庙里啼。游子乍闻红袖湿，佳人才唱翠眉低。相呼相应湘江阔，苦竹丛深日向西。"后人因此称他为郑鹧鸪。

5. 郑家诗婢，郗氏文奴。（《卷一·七虞》）

※ 东汉著名经学家郑玄，汉代经学的集大成者。他家中的奴婢都读诗书。一次他发怒，让人把一个想辩解的奴婢拽到泥中。过了一会儿，另一奴婢来问："胡为乎泥中？"（语出《诗经·邶风·式微》，意思是"你为什么在泥地里？"）这个奴婢回答："薄言往愬，逢彼之怒。"（语出《诗经·邶风·柏舟》，意思是"我去说的时候正好碰上他生气。"）婢女都那么有文化呀！

郗愔袭爵南昌公，拜临海太守。他有个仆人识字知文，郗愔的姐夫王羲之十分喜欢这个仆人，经常夸他。人称之为"文奴"。

6. 建安七子，大历十人。（《卷二·十一真》）

※ 曹丕的《典论·论文》中提到了孔融、陈琳、王粲、刘桢、徐幹、应玚、阮瑀等七位作家，并对这些作家的作品风格进行评论。这七位作家都活跃在建安时期，后人便把他们合称为"建安七子"。

唐代宗大历年间有十位诗人，名声都差不多，人们便称他们为"大历十才子"。但十才子是谁，各书所载不同，据《新唐书·卢纶传》载，十才子为卢纶、吉中孚、韩翃、钱起、司空曙、苗发、崔峒、耿沣、夏侯审、李端等。十才子在艺术方面都有一定修养，擅长五言律诗。

7. 滕王蛱蝶，摩诘芭蕉。（《卷三·二萧》）

※ 唐高祖李渊之子元婴封滕王，他曾在南昌赣江边建滕王阁。他工画，尤擅长画蛱蝶，形似而传神。唐王建《宫词》第六十首有："内（皇宫）中数日无呼唤，写得滕王蛱蝶图。"

王维，字摩诘，唐代著名诗人、画家。宋代沈括在《梦溪笔谈》中记载，他家中藏有王维所画《袁安卧雪图》一幅，画面上有雪中芭蕉，僧惠洪认为雪里芭蕉失寒暑，不符合生活真实。也有人为王维辩解，认为岭南曲江冬日虽雪，红蕉花开自若。其实王维是在表现艺术真实，图乃得心应手、意到笔随而成之作，其意重在传神入理，而不拘形似。

8. 戴颙鼓吹，贾岛推敲。（《卷三·三肴》）

※晋人戴逵的儿子戴颙，春天随身带着酒外出。人们问他去哪。他说："往听黄鹂声，此俗耳针砭，诗肠鼓吹，汝知之乎？"指听到黄鹂鸣声，可以引起诗兴。

唐代僧人贾岛，勤读诗，也好作诗。曾骑驴赋诗，咏得"鸟宿池边树，僧敲月下门"之句，起先本打算用"推"字，后又改为"敲"字，在驴上作推敲的动作。遇到韩愈，韩愈问他什么事，他把所有想法告诉愈，韩愈停下马深思了好久，对贾岛说："'敲'字佳。"两人就骑着马一同研讨做诗的道理。

9. 薛笺成彩，江笔生花。（《卷三·六麻》）

※成都西南有浣花溪，成都名妓薛涛是一位诗人，后来住在浣花溪近旁，曾以溪花制成十色彩笺，人称薛涛笺。

南北朝时有位江淹，字文通，他在任蒲城县令时，有一天睡在城外孤山的寺中，梦见有位高大英俊的神人送给他一支五彩笔。从此以后，他的诗文写得非常华美，真是笔下生花。过了十多年，有一晚，他独自睡在一个官府招待所里，梦见那位神人又来了，自称是东晋文学家郭璞，对他说："我有一支笔在你这里，存放了多年，请归还我吧。"于是，江淹从怀里取出那支五彩笔，还给了他。从此江淹再也写不出好诗文了。

10. 班昭汉史，蔡琰胡笳。（《卷三·六麻》）

※东汉班昭，是班固的妹妹。丈夫曹世叔死后，她作《七诫》让女儿诵读。班固著《汉书》未成而死，皇帝下诏书请班昭补作，她在皇家文史馆东观完成了兄长的遗愿。皇帝又经常请她入宫，让皇后贵人们拜她为师，称她为曹大家。

东汉末年蔡琰，是大文学家蔡邕的女儿。她六岁就通晓音律，后嫁为卫仲道妻，早寡。匈奴入侵被俘，留居匈奴十二年。蔡邕好友曹操，痛惜亡友没有儿子，就派使者带上重金把蔡琰赎回来。但蔡琰在匈奴已经结婚，生有二子。于是蔡琰心情复杂，临行时作《胡笳十八拍》。

11. 左思三赋，程颐四箴。（《卷四·十二侵》）

※左思曾写《三都赋》，构思十年，门庭篱笆与厕所皆备纸笔。偶有所得，就

马上记下来。写成后，送给皇甫谧看，谧替他写了序。这本书问世后，大家都争着抄阅，一时洛阳纸价大涨。

颜渊问孔子克己复礼之事，孔子说："非礼勿视，非礼勿听，非礼勿言，非礼勿动。"宋人程颐对儒学多有研究，他据孔子之语作视、听、言、动四箴以自警。

12. 蔡伦造纸，刘向校书。（《卷一·四支》）

※东汉蔡伦，字敬仲，是位宦官。他担任尚方令时，主管制造御用物品。他改进造纸方法，扩大造纸原料，用树皮、麻头、破布、旧渔网造纸，降低了成本，提高了质量。皇帝赞扬他，并且下令推广他的造纸方法，这种纸在当时称为蔡侯纸。

刘向，原名更生，字子政，汉成帝时，他改名为向，是西汉经学家、目录学家、文学家。他曾校正整理群书，撰成我国最早的目录学著作《别录》。

13. 郑弘还箭，元兴成刀。（《卷三·四豪》）

※三国时蒲元性在斜谷口给诸葛亮铸了三千把剑，剑成后等待淬火。元性说汉江水钝弱不能用，蜀江水爽利刚烈，含有金的元气，便派人去取。水运到后，蒲元性说水不纯，掺了涪江水。取水人说没有。蒲元性用刀在水中一划，说：你掺了八斗涪江水。取水人叩头认罪，说路上倒了八斗，取涪江水补上了。于是命他重新取来蜀江水，淬成了刀。蒲元性把铁丸装在竹筒里，举刀砍下去，铁丸被劈成两半，因而称它为神刀。

14. 书成凤尾，画点龙睛。（《卷三·八庚》）

※萧锋是南朝齐高帝第十二子，相传他四岁时便会靠着井栏学写字，在地上写满了就洗去再写。早晨起来不拂拭窗尘，先在尘上写字。五岁时，高帝就让他学书凤尾诺，他初学就写得很好。高帝大喜，赏他玉麒麟，说是麒麟偿凤尾也。凤尾诺：古代签署文件叫署诺。把诺字写成像凤尾的形状，称凤尾诺。

张僧繇是南朝梁著名的画家，擅长人物和佛教画。传说他曾给金陵安乐寺作壁画，画了两条活灵活现的龙，张牙舞爪，鳞甲俱动，但都没有画眼睛。别人问为什么，他说要是点上眼睛恐怕这龙就要飞了。人不信，再三请求画上眼睛。结果刚画上一条龙的眼睛，就见雷电破壁，这条龙立即乘云腾飞上天，只剩下那一条未点睛的龙还在壁上。

15. 蒙恬造笔，太昊制琴。(《卷四·十二侵》)

※ 毛笔据传是蒙恬所造。据东汉许慎《说文解字》说："笔，楚谓之聿，吴谓之不律，燕谓之弗，秦谓之笔。"

传说琴是太昊制作的，他用桐木作琴身，用丝作琴弦，计二十七弦。

16. 易牙调味，钟子聆音。(《卷四·十二侵》)

※ 春秋时楚国的钟子期，精通音律，伯牙善于鼓琴。子期听他的琴音，伯牙意在高山，钟子期说："巍巍乎若泰山！"伯牙志在流水，钟子期说："荡荡乎若流水！"子期死后，伯牙说世无知音，就把琴弦割断，把琴摔破。从此不再弹琴了。

17. 伏羲画卦，宣父删诗。(《卷一·四支》)

※ 传说上古时代的圣君伏羲氏，看到黄河龙马背负着图纹从水面浮出，具阴阳奇偶之数，所以画成八卦：乾、兑、离、震、巽、坎、艮、坤。

宣父就是孔子，是唐贞观年间追封的谥号。孔子在领着弟子周游四方之后，回到鲁国，把当时流传的三千多首诗歌大加减削，只留下三百十一篇，著成《诗经》。

《神童诗》选读

　　导读：《神童诗》相传为北宋学者汪洙所作，他年少多才，有"神童"的美誉。后人以汪洙劝学类的诗篇为基础，融合其他一些诗作编辑而成今本《神童诗》，主要分为劝学述志、四季风景两类内容。诗作皆为五言绝句，朗朗上口，形象生动。本书挑选了一些符合现实国情以及学生心理的作品，由这些作品可知，"神童"并非是天才儿童，而是后天刻苦学习、仔细观察的踏实学生。

第一部分　我与自我

　　题记：这里的五首诗，既强调了好好学习的重要性，又旗帜鲜明地告诉我们，读书不只为了升官发财，做人要有自己的原则。

　　1. 天子重英豪，文章教尔曹。万般皆下品，唯有读书高。

　　※ 这是《神童诗》的第一首，历来影响非常大，强调了读书的重要性。今天看来，这个观点有失偏颇，但是这里强调的是读书的价值和知识的力量：无论你从事哪一行哪一业，都需要读书充电，是不是？

　　2. 自小多才学，平生志气高。别人怀宝剑，我有笔如刀。

　　※ 孩子们从小树立高远的志向，一支毛笔打天下，也是江湖好英雄！

　　3. 莫道儒冠误，诗书不负人。达而相天下，穷亦善其身。

　　※ 读书未必就是为了做官，不得志的时候绝不和小人苟合，也能够自得其乐、

独善其身。

4. 久旱逢甘雨，他乡遇故知。洞房花烛夜，金榜题名时。

※诗人连用人生大三幸事来类比金榜题名的荣耀和快乐，用今天的眼光来看，凭借自己的努力考上理想的大学，不也是很高兴的吗？

5. 一雨初收霁，金风特送凉。书窗应自爽，灯火夜偏长。

※雨后秋风送爽的夜晚，正是读书的好时候！可别耽误了好时光哦。

6. 诗酒琴棋客，风花雪月天。有名闲富贵，无事散神仙。

※文人雅士不追名逐利而是寄情于诗词歌赋、琴棋书画，正是个性自由的表现。

第二部分　我与自然

题记：学习不只是读书，还应该仔细观察自然，体察世间万物的生长和变化。走出教室，打开自己的视野吧！

1. 土脉阳和动，韶华满眼新。一枝梅破腊，万象渐回春。

※土脉：土地的气脉，俗称地气；阳和：温暖和畅之气，即春气；腊：农历十二月的简称，破腊即冬天结束。一点梅花，率先带来春的讯息，你也可以寻找身边的讯息哦。

2. 北帝方行令，天晴爱日和。农工新筑土，共庆纳嘉禾。

※这是描写立冬时节的情景，立冬又被称为"丰收节"，民间有举行祭祀和庆典的习俗，阳光下农民们修正晒坝、庆祝丰收，真叫人高兴。远离了农耕生活的我们，是否羡慕这样的纯粹与自然？

3. 解落三秋叶，能开二月花。过江千尺浪，入竹万竿斜。

※这是唐代诗人李峤的《风》，通篇写风，却没有一个"风"字。侧面描写的

巧妙形象，让人过目难忘。

4. 墙角一枝梅，凌寒独自开。遥知不是雪，惟有暗香来。

※ 虽然长在寒冬、身处角落，却依然坚持独有的香气和品格——梅花就此成为高洁雅致的象征。

5. 居可无君子？交情耐岁寒。春风频动处，日日报平安。

※ 本诗描写竹子，古人以松竹梅为"岁寒三友"，取其耐寒的品性，用来勉励自己不畏艰难。后两句则用了"竹报平安"的典故，更添温暖。

《声律启蒙》选读

导读：《声律启蒙》为清代进士车万育所撰，按韵分编，内容涉及天文、地理、草木、鸟兽、人物、器用等的虚实应对。作为教授儿童属对、掌握声韵格律的著名蒙学读物，其形式别具一格，问世以来广为流传，经久不衰。选读条目按主题分成自我、家庭、社会、生活、自然、艺术六个部分，每个部分的顺序按字数（单字、双字、三言、五言、六言、七言等）编排。

第一部分　我与自我

题记：勤奋学习是自我发展的必由之路，但德行、品格才是自我磨砺的最高追求，贪婪与狭隘都会阻碍自我的成长与发展。

1. 仁无敌，德有邻，万石对千钧。（《卷上·十一真》）

※ 仁者无敌。《论语》有"德不孤，必有邻"句。石、钧：都是古代重量单位。三十斤为一钧，四钧为一石。

2. 子罕玉，不疑金，往古对来今。（《卷下·十二侵》）

※ 子罕是春秋时宋卿，拒收他人赠送之宝玉，并说："你以玉为宝，我以不贪为宝。"直不疑是汉朝宫廷侍卫，有人怀疑他偷金，直不疑取己金给了人家，待此人找回丢失的金子后，深感惭愧。

3. 读书甘刺股，煮粥惜焚须。(《卷上·七虞》)

※ 股：大腿。《战国策》载：苏秦勤奋学习，读到很晚，想打瞌睡，便用尖锐的锥子刺自己的大腿来保持清醒。(友情提醒：危险！请勿模仿！)《隋唐嘉话》载：李勣姐姐患病，他亲自为姐姐熬粥，不当心烧着了胡子。

4. 楚国大夫沉汨水，洛阳才子谪长沙。(《卷下·六麻》)

※ 战国末期楚国大夫屈原因忧愤于国事，自投汨罗江而死。西汉贾谊是洛阳才子，因受保守势力排挤，被贬为长沙太傅。

5. 晋士只知山简醉，楚人谁识屈原醒。(《卷下·九青》)

※ 晋将军山简嗜酒，人称"醉山翁"。屈原有"世人皆醉而我独醒"句。

6. 传信子卿千里雁，照书车胤一囊萤。(《卷下·九青》)

※ 西汉苏武出使匈奴被扣十九年，传说他将信系在大雁脚上，让大雁向汉朝报信。晋代车胤因家贫无灯，晚上读书看不清字，就捉了好些萤火虫放在丝袋中，照书夜读。

7. 心褊小人长戚戚，礼多君子屡谦谦。(《卷下·十四盐》)

※ 褊：狭窄。戚：忧愁。《论语》中有"君子坦荡荡，小人长戚戚"句，意思是君子心中坦然，胸怀宽广；小人却心胸狭窄，总是愁眉不展，像别人欠了他债的样子。

8. 攘鸡非君子所为，但当月一；养狙是山公之智，止用朝三。(《卷下·十三覃》)

※《孟子》载：有一小偷天天偷邻人的鸡，有人告诫他："这可不是君子做的事哦。"小偷决心痛改前非，许诺逐步减少偷鸡次数，先每月一只，再每年一只，最后不偷。攘：偷盗。《庄子》载：有个养猴人给猴子分橡子，一开始说早上给三个晚上给四个，众猴发怒不依，改说早上给四个晚上给三个，众猴喜笑颜开。

第二部分　我与家庭

题记：父母、妻儿是自己最亲近的人，他们用自己的一言一行影响着自己，自己也将用自己的一举一动呼应、回馈他们。

9. 截发惟闻陶侃母，断机只有乐羊妻。(《卷上·八齐》)

※《晋书》载：陶侃的母亲把自己的头发剪下来换酒食招待客人。《后汉书》载：乐羊子游学一年便思家归来，他的妻子剪断了织布机上的布，用来比喻中断学业的后果，规劝他坚持学业。

10. 阮籍旧能为眼白，老莱新爱着衣斑。(《卷上·十五删》)

※《晋书》载：阮籍能为青白眼，见礼俗之士，以白眼对之，对雅士则青眼有加。《二十四孝》载：周朝老莱子年近七十，还穿上五彩斑斓的衣服装幼儿来逗父母开心。

第三部分　我与社会

题记：社会是个巨大的熔炉，各色各样的人们在其间往来，留下自己的印痕，一点一滴汇成民族的特点、历史的风俗。

11. 哀对乐，富对贫，好友对嘉宾。(《卷上·十一真》)

※嘉宾：贵客。

12. 沿对革，异对同，白叟对黄童。(《卷上·一东》)

※沿：沿袭，遵循；革：变革，更改；叟：对老年男子的尊称。

13. 贫对富，塞对通，野叟对溪童。(《卷上·一东》)

※此处"塞"解释为堵塞，故与"通"相对。野叟：村野老人。溪童：溪边小儿。

14. 秦对赵，越对吴，钓客对耕夫。（《卷上·七虞》）

※秦、赵：战国时期两个敌对国。吴、越：春秋时期，吴国、越国故地的并称。钓客：垂钓的人。耕夫：农夫。

15. 江风对海雾，牧子对渔翁。（《卷上·一东》）

※牧子：放牧的人。

16. 鬓蟠对眉绿，齿皓对唇红。（《卷上·一东》）

※鬓：脸两侧靠近耳朵的头发。蟠、皓：白。

17. 挑荠女，采莲娃，菊径对苔阶。（《卷上·九佳》）

※挑荠：挑摘野地生长的荠菜。菊径：两边长有菊花的小路。苔阶：生有苔藓的石阶，唐刘禹锡《陋室铭》有"苔痕上阶绿"句。

18. 藜杖叟，布衣樵，北野对东郊。（《卷下·三肴》）

※藜杖：用藜的老茎做的手杖，质轻而坚实。

19. 武夫攻骑射，野妇务蚕缫。（《卷下·四豪》）

※务：从事，致力于。缫：把蚕茧浸在滚水里抽丝。

20. 客乘金络马，人泛木兰舟。（《卷下·十一尤》）

※金络马：戴金笼头的马。木兰舟：用木兰树造的船。

21. 忠心安社稷，利口覆家邦。（《卷上·三江》）

※社稷：土地神和谷神，引申为国家。

22. 分金齐鲍叔，奉璧蔺相如。（《卷上·六鱼》）

※《列子》载：齐国名相管仲和鲍叔牙合伙经商，赚了钱后管仲分得多，鲍叔牙理解管仲这样做是因为家贫而非贪财。奉璧：此处指战国时赵国大臣蔺相如

完璧归赵的故事。

23. 史才推永叔，刀笔仰萧何。(《卷下·五歌》)

※ 北宋欧阳修字永叔，与人合著《新唐书》，自撰《新五代史》，以史才著称。古代掌管文书的官吏称刀笔吏。西汉萧何定《汉律》七章，故称其刀笔。

24. 何处春朝风景好，谁家秋夜月华圆。(《卷下·一先》)

※ 哪里的春日早晨风光美好，哪家的秋日夜晚月轮圆满。

25. 寒食芳辰花烂漫，中秋佳节月婵娟。(《卷下·一先》)

※ "寒食"和"中秋"一样，也是中国古代重要的节日之一。寒食节亦称"禁烟节"，定于每年四月四日，清明节的前一天。在这一日，禁烟火，只吃冷食，相传是源于春秋时晋国介之推拒绝出山为官而在绵山被焚的故事。

26. 花圃春残无客到，柴门夜永有僧敲。(《卷下·三肴》)

※ 暮春时节，花园中的花已经凋残，再无客人到访。夜晚漫长，茅屋柴门有一僧人敲门。贾岛有"僧敲月下门"之句。

27. 万卷书容闲客览，一樽酒待故人倾。(《卷下·八庚》)

※ 樽：古代盛酒的器皿，此处为量词。

28. 栖迟避世人，草衣木食；窈窕倾城女，云鬓花颜。(《卷上·十五删》)

※ 栖迟：淹留、隐遁，此处作形容词。避世隐居的人，穿草编的衣服，吃林间的野果。窈窕：形容女子文静优美。美得可以让城池倾覆的女子，鬓发如云，容颜如花。

29. 两鬓风霜，途次早行之客；一蓑烟雨，溪边晚钓之翁。(《卷上·一东》)

※ 途次：途中。两鬓斑白的旅人，早早就起床赶路；傍晚时分，老翁披着蓑衣在细雨中静静垂钓。

30. 苏武牧羊,雪屡餐于北海;庄周活鲋,水必决于西江。(《卷上·三江》)

※汉朝使臣苏武出使匈奴被扣押,在北海(今贝加尔湖一带)饮雪吞毡,十九年不投降。《庄子》载:车辙中有条鱼快干死了,向庄子求斗升之水以活命,庄子答应为它决西江之水。

31. 人浴兰汤,事不忘于端午;客斟菊酒,兴常记于重阳。(《卷下·七阳》)

※《楚辞》中有"沐兰汤兮芳华"句,后演化为端午节纪念屈原的习俗,即以香草浸泡的热水沐浴。重阳节的习俗中有登高赏菊、饮菊花酒等。

32. 女子眉纤,额下现一弯新月;男儿气壮,胸中吐万丈长虹。(《卷上·一东》)

※形容女子眉如新月般弯而细,男儿豪气如长虹般昂扬壮盛。

33. 秋望佳人,目送楼头千里雁;早行远客,梦惊枕上五更鸡。(《卷上·八齐》)

※我国古代把夜晚分成五个时段,用鼓打更报时,"五更鸡"指的是约凌晨3到5点鸡叫声。

34. 茅舍无人,难却尘埃生榻上;竹亭有客,尚留风月在窗间。(《卷上·十五删》)

※草屋无人到来,坐榻之上难免积灰;竹亭客人逗留,窗户外仍是风月旖旎。

35. 幽寺寻僧,逸兴岂知俄尔尽;长亭送客,离魂不觉黯然消。(《卷下·二萧》)

※逸兴:超逸豪放的兴致。俄尔:不多久。长亭:古时在城外路旁每隔十里设立的亭子,供行人休息或送别亲友。

36. 墙畔佳人，飘扬竞把秋千舞；楼前公子，笑语争将蹴鞠抛。(《卷下·三肴》)

※ 墙边美女裙裾飘飘，在秋千上舞动；楼前少年笑语声声，争相扔掷蹴鞠。蹴鞠：古代类似足球的运动。

37. 林下风生，黄发村童推牧笠；江头日出，皓眉溪叟晒渔蓑。(《卷下·五歌》)

※ 笠：竹编的遮阳挡雨的帽子。蓑：劳动时用于遮雨的蓑草织的雨具，常与"笠"配合使用。

38. 屈子沉江，处处舟中争系粽；牛郎渡渚，家家台上竞穿针。(《卷下·十二侵》)

※ 传说屈原五月五日自沉于汨罗江后，人们为了防止鱼鳖损毁其尸体，以竹筒装米作鱼饵投江，所以粽子又称"角黍""筒粽"，后演化为端午习俗。传说牛郎织女在七月七日踏鹊桥渡银河相会，当晚家家户户的女孩子们在庭院穿针引线向织女星乞求智巧，称"乞巧"，是为"七夕节"，也叫"女儿节"。

39. 白草满郊，秋日牧征人之马；绿桑盈亩，春时供农妇之蚕。(《卷下·十三覃》)

※ 盈：满。秋日的郊野长满了白草，可以放牧军人的马；春日的田亩长满了桑叶，可以喂饱农妇的蚕。

第四部分　我与生活

题记："器物家用、工作学习、饮食起居、游玩聚会、妆容服饰"——生活中的方方面面都与我们息息相关。

40. 春对夏，秋对冬，暮鼓对晨钟。(《卷上·二冬》)

41. 楼对阁，户对窗，巨海对长江。(《卷上·三江》)
※ 户：门。

42. 贤对圣，智对愚，傅粉对施朱。(《卷上·七虞》)
※ 傅粉：古代汉族妇女的一种化妆方法，以脂粉一类化妆品涂敷脸上，取得面白气香的化妆效果。施朱：涂以红色的脂粉。

43. 幽对显，寂对喧，柳岸对桃源。(《卷上·十三元》)
※ 柳：与"留"音近。柳岸：栽有柳树的水岸，也象征离别之所，古人出行多走水路，常在水边折柳送别。桃源：桃花源，出典于陶渊明的《桃花源记》，象征一个安宁、平和、自由、美好的理想之地。

44. 琴对瑟，剑对刀，地迥对天高。(《卷下·四豪》)
※ 瑟：中国古代的拨弦乐器。迥：远。

45. 渔对猎，钓对耕，玉振对金声。(《卷下·八庚》)
※ 金声、玉振：奏乐的全过程，以击钟（金声）开始，以击磬（玉振）告终。

46. 荣对辱，喜对忧，夜宴对春游。(《卷下·十一尤》)
※ 想想看，为什么夜宴对春游呢？

47. 眉对目，口对心，锦瑟对瑶琴。(《卷下·十二侵》)
※ 锦瑟：装饰华美的瑟。瑶琴：用玉装饰的琴。

48. 如对似，减对添，绣幕对朱帘。(《卷下·十四盐》)
※ 绣幕：绣花的帷幕。朱帘：红色的帘子。

49. 观山对玩水，绿竹对苍松。(《卷上·二冬》)
※ 苍：此处指青色。

50. 杨花对桂叶，白简对朱衣。(《卷上·五微》)

※白简：古时弹劾官员的奏章，一般写在白色竹简上。朱衣：红色官服。

51. 绿窗对朱户，宝马对香车。《卷上·六鱼》

※绿窗：绿色纱窗，指女子居室。也指贫女的居室，与红楼（富家女子居室）相对。朱户：古代帝王赏赐诸侯或有功大臣朱红色的大门，故指豪门大户人家。

52. 孤舟对短棹，一雁对双凫。《卷上·七虞》

※棹：船桨；凫：野鸭。

53. 新欢对旧恨，痛饮对高歌。(《卷下·五歌》)

※新欢：新的欢乐，也指新的爱人。旧恨：旧时恩怨，也指旧时仇人。痛饮：痛快地喝酒。高歌：高声歌吟。

54. 酒阑对歌罢，日暖对风和。(《卷下·五歌》)

※阑：将尽。罢：停止。

55. 棋枰对笔架，雨雪对雷霆。《卷下·九青》

※棋枰：棋盘、棋局。

56. 吟哦对讽咏，访友对寻僧。(《卷下·十蒸》)

※吟哦：吟诵推敲诗句。

57. 毫尖对笔底，绮阁对雕楼。《卷下·十一尤》

※毫尖：此处指毛笔尖端。绮阁：华丽的楼阁。

58. 晓耕对寒钓，晚笛对秋砧。《卷下·十二侵》

※砧：捣衣石。

59. 移山对浚井，谏苦对言甘。(《卷下·十三覃》)
　※浚：深挖、疏通。谏：规劝之语。

60. 烟蓑对雨笠，月榜对风帆。(《卷下·十五咸》)
　※月榜：半月形的船桨。

61. 天浩浩，日融融，佩剑对弯弓。(《卷上·一东》)
　※浩浩：广阔宏大。融融：暖和的样子。

62. 犀角带，象牙梳，驷马对安车。(《卷上·六鱼》)
　※犀角带：明朝二品官员朝服革带饰以犀角。驷马：同拉一车的四匹马。

63. 八千路，廿四桥，总角对垂髫。(《卷下·二萧》)
　※岳飞《满江红》："三十功名尘与土，八千里路云和月。"廿：二十。廿四桥为扬州名胜。杜牧《寄韩绰判官》："二十四桥明月夜，玉人何处教吹箫？"总角、垂髫：古时男女未成年之前束发为两结，形如角。扎起下垂的头发称垂髫。两者皆指幼年。

64. 山不断，水无涯，煮酒对烹茶。(《卷下·六麻》)
　※涯：水边，泛指边际。

65. 深院落，小池塘，晚眺对晨妆。(《卷下·七阳》)
　※眺：向远处望。

66. 茶敌睡，酒消愁，青眼对白头。(《卷下·十一尤》)
　※青眼：见前"阮籍能为青白眼"条。

67. 花藏沽酒市，竹映读书斋。(《卷上·九佳》)
　※沽酒：卖酒。

68. 一椽书舍小，百尺酒楼高。（《卷下·四豪》）

※ 椽：古代数量单位，表示房屋的间数。

69. 墨呼松处士，纸号楮先生。（《卷下·八庚》）

※ 古代的墨多以松烟制成，故呼松处士。造纸的原料多为楮树皮，故号楮先生。

70. 情深悲素扇，泪痛湿青衫。（《卷下·十五咸》）

※ 汉成帝的嫔妃班婕妤以秋后的团扇自比，作《团扇诗》（也作《怨歌行》），感伤于帝王的宠爱不再。白居易贬为江州司马时，作《琵琶行》，有"座中泣下谁最多，江州司马青衫湿"句。

71. 杨柳和烟彭泽县，桃花流水武陵溪。（《卷上·八齐》）

※ 东晋陶渊明曾为彭泽县令，于门前植五株柳树，自号"五柳先生"。陶渊明在《桃花源记》中提到："晋太元中，武陵人捕鱼为业。缘溪行，忘路之远近。忽逢桃花林……"

72. 缕缕轻烟芳草渡，丝丝微雨杏花村。（《卷上·十三元》）

※ 渡：与村相对，当为名词，指渡口。

73. 杨柳绿遮元亮宅，杏花红映仲尼坛。（《卷上·十四寒》）

※ 陶渊明字元亮，曾于门前植五柳。孔子字仲尼曾设教于杏坛。

74. 闻鼓塞兵方战斗，听钟宫女正梳妆。（《卷下·七阳》）

※ 边塞战士听到鼓声的号令才投入战斗，宫中女子听到钟声诏令正忙于打扮。

75. 曲沼鱼多，可使渔人结网；平田兔少，漫劳耕者守株。（《卷上·七虞》）

※ 后句典出《韩非子》，指守株待兔的故事。

76. 秋夕月明，苏子黄岗游绝壁；春朝花发，石家金谷启芳园。(《卷上·十三元》)

※ 苏轼尝游于湖北黄冈赤壁之下，作《赤壁赋》。晋代豪门石崇造金谷园宴客赋诗，极尽奢华之能事。

77. 梦里荣华，飘忽枕中之客；壶中日月，安闲市上之仙。(《卷下·一先》)

※《枕中记》载：卢生于邯郸客店中哭穷，一道人递给他一个枕头使其入睡，卢生于梦中享尽荣华，醒来时，店主所煮黄粱饭还没熟。《后汉书》载：东汉费长房在街市上遇到一位卖药老人，他一疲劳就随老人一同进入壶中，发现里面富丽堂皇。

第五部分 我与自然

题记："日月星辰、物候地理、花草树木、鸟兽鱼虫……"自然界的一切都吸引着我们去观察、去欣赏、去思忖、去呵护。

78. 云对雨，雪对风，晚照对晴空。(《卷上·一东》)
※ 晚照：夕阳的余晖。

79. 戈对甲，鼓对旗，紫燕对黄鹂。(《卷上·四支》)
※ 戈：一种长柄兵器；甲：盔甲、铠甲。

80. 来对往，密对稀，燕舞对莺飞。(《卷上·五微》)

81. 麟对凤，鳖对鱼，内史对中书。(《卷上·六鱼》)
※ 内史：古代官职名，掌管著作、典册、政令等。中书：古代官职名，类似宰相权位。

82. 金对玉，宝对珠，玉兔对金乌。(《卷上·七虞》)

※ 玉兔、金乌：古时传说月中有玉兔捣药，日中有三足乌鸦，故以玉兔、金乌借代月亮和太阳。

83. 熊对虎，象对犀，霹雳对虹霓。(《卷上·八齐》)

※ 犀：犀牛。霹雳：响雷。虹霓：雨后或日出、日没之际天空中所现的七色圆弧，色彩艳丽的叫虹，稍暗的叫霓。

84. 增对损，闭对开，碧草对苍苔。(《卷上·十灰》)

※ 苍苔：青绿色的苔藓。

85. 多对少，易对难，虎踞对龙蟠。(《卷上·十四寒》)

※ 蟠：环绕，盘伏。

86. 新对旧，降对升，白犬对苍鹰。(《卷下·十蒸》)

※ 苍：黑。

87. 悲对乐，爱对嫌，玉兔对银蟾。(《卷下·十四盐》)

※ 银蟾：月亮的别称。传说月宫中有一只三足蟾蜍，故月宫也称"蟾宫"。

88. 来鸿对去燕，宿鸟对鸣虫。(《卷上·一东》)

※ 鸿：大雁；宿鸟：归巢栖息的鸟。

89. 雪花对云叶，芍药对芙蓉。(《卷上·二冬》)

※ 芍药是名花，与牡丹齐名。

90. 栽花对种竹，落絮对游丝。(《卷上·四支》)

※ 游丝：飘荡的蛛丝。

91. 梅酸对李苦，青眼对白眉。（《卷上·四支》）

※ 白眉：《三国志》载：马良兄弟五人，具有才名，马良尤甚，因其眉中有白毛，故谚云："马氏五常，白眉最良。"

92. 鹤长对凫短，水雁对山鸡。（《卷上·八齐》）

※《庄子》："鹤胫虽长，断之则悲；凫胫虽短，续之则忧。"

93. 莺朋对燕友，早暮对寒暄。（《卷上·十三元》）

※ 暄：暖。

94. 桃红对柳绿，竹叶对松梢。（《卷下·三肴》）

※ 梢：树枝的末端。

95. 春分对夏至，谷水对山涛。（《卷下·四豪》）

※ 春分、夏至均为二十四节气之名。谷水为地名。山涛为人名，西晋大臣，字巨源，"竹林七贤"之一。

96. 千愁对一醉，虎啸对龙吟。（《卷下·十二侵》）

※ 常说一醉解千愁，许许多多的忧愁烦恼都可以靠一次酒醉尽数忘掉。

97. 三尺剑，六钧弓，岭北对江东。（《卷上·一东》）

※ 钧：古代重量单位，约三十斤左右。岭北：山的北面，特指五岭以北。江东：一般是指长江下游的江南地区，也称江左。

98. 颜巷陋，阮途穷，冀北对辽东。（《卷上·一东》）

※《论语》载：孔子爱徒颜回身居陋巷不改其乐。《晋书》载：阮籍曾经纵酒装疯，每驾车至路尽头处，就痛哭着回来。

99. 冯妇虎，叶公龙，舞蝶对鸣蛩。（《卷上·二冬》）

※《孟子》载：晋国有一善与虎搏斗者名冯妇。《新序》载：叶公子高好龙，天龙闻之而来视，叶公见之惊逃。蛩：蟋蟀，古亦称促织。

100. 桃灼灼，柳依依，绿暗对红稀。（《卷上·五微》）

※灼灼：鲜亮的样子。

101. 伯乐马，浩然驴，弋雁对求鱼。（《卷上·六鱼》）

※伯乐：相传为秦穆公时人，姓孙名阳，善相马，人称伯乐。浩然：《韵府》载，唐诗人孟浩然常骑驴于风雪之中，诗兴因此而发。弋：用带绳子的箭射。

102. 金翡翠，玉麒麟，虎爪对龙麟。（《卷上·十一真》）

※此处的翡翠与麒麟（传说中的神兽）相对，指一种生活在南方的鸟，毛色十分美丽。

103. 双凤翼，九牛毛，主逸对臣劳。（《卷下·四豪》）

※李商隐《无题》有"身无彩凤双飞翼"句。九牛毛："九牛一毛"，许多牛身上的一根毛，比喻极大数量中微不足道的一点。君主安逸，而臣子操劳。

104. 琴再抚，剑重磨，媚柳对枯荷。（《卷下·五歌》）

※柳树垂丝袅袅，所以称其妖媚。

105. 天北缺，日东生，独卧对同行。（《卷下·八庚》）

※据远古神话，共工、祝融争斗，共工战败后气得用头去撞不周山，导致天塌陷，所以说"缺"。

106. 龟曳尾，鹤梳翎，月榭对风亭。（《卷下·九青》）

※《庄子》中有"龟其宁死留骨而贵乎，宁生曳尾于泥涂乎？"苏东坡有诗句："风权时落蕊，病鹤不梳翎。"月榭：赏月的台阁。

107. 千里马，九霄鹏，霞蔚对云蒸。（《卷下·十蒸》）
※蔚：盛大。蒸：升腾。霞蔚、云蒸：形容云霞绚丽的景色，借指有文采。

108. 杨柳岸，荻芦洲，语燕对啼鸠。（《卷下·十一尤》）
※荻芦：生长在江河湖水边及湿地的高大禾草类植物。

109. 安邑枣，洞庭柑，不愧对无惭。（《卷下·十三覃》）
※山西运城安邑一带盛产大枣。洞庭湖一带多产柑橘。

110. 半溪流水绿，千树落花红。（《卷上·一东》）
※半：水不满。

111. 衔泥双紫燕，课蜜几黄蜂。（《卷上·二冬》）
※课：采。

112. 柳塘风淡淡，花圃月浓浓。（《卷上·二冬》）
※花圃：种植花卉的地方。

113. 海棠春睡早，杨柳昼眠迟。（《卷上·四支》）
※《太真外传》载：杨太真初睡起，明皇笑曰：海棠春睡未足耶？柳眠《三辅故事》载：汉苑有柳如人，名人柳，一日三眠三起。海棠、杨柳字面上对称，也同时引用典故暗喻两个人。

114. 窗前莺并语，帘外燕双飞。（《卷上·五微》）
※晏几道有词曰"落花人独立，微雨燕双飞"，以鸟双飞暗指人的孤单。

115. 花残无戏蝶，藻密有潜鱼。（《卷上·六鱼》）
※小动物也喜欢去热闹的地方呢。

116. 春棠经雨放，秋菊傲霜开。(《卷上·十灰》)

※ 棠：海棠。春天的海棠花经过春雨才会绽放，秋天的菊花迎着霜露盛开。这两句表示，花儿们在困难后迎来新的境界，何况人呢？

117. 雨前庭蚁闹，霜后阵鸿哀。(《卷上·十灰》)

※ 鸿：鸿雁是候鸟，秋霜之后还未结队回归南方就啼声哀鸣。

118. 蝉鸣哀暮夏，莺啭怨残春。(《卷上·十一真》)

※ 啭：鸟宛转地叫。

119. 柳塘生细浪，花径起香尘。(《卷上·十一真》)

※ "生""起"，两个词充满动感。

120. 柳摇春白昼，梅弄月黄昏。(《卷上·十三元》)

※ "摇""弄"用拟人态使整个画面生动起来。

121. 荷盘从雨洗，柳线任风搓。(《卷下·五歌》)

※ "洗"生动表现了如盘的荷叶被雨冲刷，越发干净。"搓"字形象地表现了柳条在风中婀娜的姿态。

122. 秋凉梧堕叶，春暖杏开花。(《卷下·六麻》)

※ "堕"表现了秋叶在风中坠落时生命的衰败感。

123. 鱼游池面水，鹭立岸头沙。(《卷下·六麻》)

※ 这两句动静结合。

124. 一堤杨柳绿，三径菊花黄。(《卷下·七阳》)

※ 三径：王莽专权时，兖州刺史蒋诩辞官回乡，于院中辟三径，唯与求仲、羊仲来往。后多以三径指退隐家园。

125. 寒冰三尺厚，秋月十分明。(《卷下·八庚》)

※ 十分：借数字表达程度，这个对子真巧妙。

126. 一轮秋夜月，几点晓天星。(《卷下·九青》)

※ 短短十个字，从夜到天明的时间变化都表现出来了。

127. 鸟寒惊夜月，鱼暖上春冰。(《卷下·十蒸》)

※ 惊，形象地表现了安静的月夜忽闻鸟声的心惊。

128. 蕊香蜂竞采，泥软燕争衔。(《卷下·十五咸》)

※ "竞""争"显出春天小动物们的热闹。

129. 两岸晓烟杨柳绿，一园春雨杏花红。(《卷上·一东》)

※ 晓烟：早上空气温度比水温热得快，水面会腾起烟雾。

130. 野渡燕穿杨柳雨，芳池鱼戏芰荷风。(《卷上·一东》)

※ 芰：菱。

131. 春日园中莺恰恰，秋天塞外雁雍雍。(《卷上·二冬》)

※ 恰恰、雍雍：拟声词。

132. 落叶舞风高复下，小荷浮水卷还舒。(《卷上·六鱼》)

※ 风中落叶忽高忽低，水面荷叶或卷或展。

133. 岁冷松筠皆有节，春暄桃李本无言。(《卷上·十三元》)

※ 筠：竹子的别称。《史记·李将军列传》："桃李不言，下自成蹊。"意思是桃树、李树不会吆喝，但累累的果实吸引了人们前来，树下自然就被踩出了一条小道。

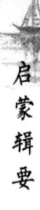

134. 渠说子规为帝魄，侬知孔雀是家禽。（《卷下·十二侵》）

※ 渠：他。子规：杜鹃鸟。战国时，杜宇为蜀王，号望帝，失国后化为杜鹃，向故国啼血。侬：你。《佩文韵府》载：杨修，字德祖，九岁时，孔君平来其家做客，见桌上摆有杨梅，便以此逗弄杨修："这是你们杨家的水果。"杨修机智地回应："从没听说孔雀是孔子家禽。"

135. 紫梨摘去从山北，丹荔传来自海南。（《卷下·十三覃》）

※ 清末善书《洞冥记》载：涂山之北有梨，大如斗，紫色。相传杨贵妃喜食荔枝，命人驰快马从海南直送京师，故杜牧有"一骑红尘妃子笑，无人知是荔枝来"句。

136. 鸟翼长随，凤兮洵众禽长；狐威不假，虎也真百兽尊。（《卷上·十二文》）

※ 洵：确实，实在。长、尊：此处为名词，指尊长。

137. 噪晚齐蝉，岁岁秋来泣恨；啼宵蜀鸟，年年春去伤魂。（《卷上·十三元》）

※ 古传齐国王后悲怨而死，化为蝉，名为齐女。战国时蜀帝杜宇失国，死后化为杜鹃鸟，悲啼不止。

138. 山寺清幽，直踞千寻云岭；江楼宏敞，遥临万顷烟波。（《卷下·五歌》）

※ 寻：古代长度单位，八尺为一寻。临：对着。

139. 巨鲤跃池，翻几重之密藻；颠猿饮涧，挂百尺之垂藤。（《卷下·十蒸》）

※ 颠：猿猴敏捷好动如癫狂，另说倒挂在藤条上喝水。"癫狂"还是"颠倒"，各有其理由，不过两者从词性上看都是形容词。

140. 秋雨潇潇，漫烂黄花都满径；春风袅袅，扶疏绿竹正盈窗。（《卷上·三江》）

※ 扶疏：连绵词，形容枝叶繁茂，高低疏密有致。

141. 人处岭南，善探巨象口中齿；客居江右，偶夺骊龙颔下珠。（《卷上·七虞》）

※骊龙：黑龙。《庄子》载：骊龙下巴下藏有千金之珠，称骊珠。

142. 三月春浓，芍药丛中蝴蝶舞；五更天晓，海棠枝上子规啼。（《卷上·八齐》）

※子规：杜鹃鸟，相传为蜀国望帝所化，叫声凄楚。

143. 天欲飞霜，塞上有鸿行已过；云将作雨，庭前多蚁阵先排。（《卷上·九佳》）

※深秋霜要降，塞北的鸿雁已南飞；云布雨要落，庭前的蚂蚁列队移往高处。

144. 千尺水帘，今古无人能手卷；一轮月镜，乾坤何匠用功磨。（《卷下·五歌》）

※乾坤：天地，此处指世界、天下。

第六部分　我与艺术

题记：读书、弹琴、吟诗、作画、弈棋、弄笛，艺术不是供人附庸风雅的，是让自我找到真正愉悦之所在。

145. 无对有，实对虚，作赋对观书。（《卷上·六鱼》）

※赋：盛行于汉魏时期的一种文体。

146. 丝对竹，剑对琴，素志对丹心。（《卷下·十二侵》）

※丝、竹：古代弦乐器、管乐器。素：本指白色的，此处指向来怀有的。

147. 山明对水秀，五典对三坟。（《卷上·十二文》）

※五典、三坟：上古时期的典籍。《尚书序》载：伏羲、神农、黄帝之书，谓

之《三坟》，言大道也。少昊、颛顼、帝喾、唐尧、虞舜之书，谓之《五典》，言常道也。

148. 鼓琴对舍瑟，搏虎对骑鲸。（《卷下·八庚》）
※ 鼓：弹奏。舍：停止弹奏。瑟：古代的拨弦乐器。

149. 唐诗对汉史，释典对仙经。（《卷下·九青》）
※ 释：本为佛教创始人释迦牟尼的简称，此处指佛教。

150. 横醉眼，捻吟须，李白对杨朱。（《卷上·七虞》）
※ 捻吟须：将着胡须吟诗。杨朱：战国思想家，道家。

151. 三弄笛，一围棋，雨打对风吹。（《卷上·四支》）
※《晋书·桓伊传》载："（桓伊）善音乐，尽一时之妙，为江左第一，有蔡邕柯亭笛，常自吹之。王徽之赴召京师，泊舟青溪侧。（桓伊）素不与徽之相识。伊于岸上过，船中客称伊小字曰：'此桓野王也。'徽之便令人谓伊曰：'闻君善吹笛，试为我一奏。'伊是时已贵显，素闻徽之名，便下车据胡床，为伊三调，弄毕，便上车去，客主不交一言。"

152. 诗成六义备，乐奏八音谐。（《卷上·九佳》）
※ 六义：《诗经》风、雅、颂、赋、比、兴，合称"六义"。八音：周代按制作材料将乐器分为金、石、丝、竹、匏、土、革、木八类。

153. 礼由公旦作，诗本仲尼删。（《卷上·十五删》）
※ 周公旦乃周武王之弟，制礼作乐。相传诗经原本有三千余篇，孔子删为三百十一篇。

154. 马迁修《史记》，孔子作《春秋》。（《卷下·十一尤》）
※ 马迁即汉代史学家司马迁。

155．韩信武能平四海，左思文足赋三都。（《卷上·七虞》）

※ 汉朝武将韩信辅佐刘邦平定四海，后封淮阴侯。《晋书》载：左思十年写就《三都赋》，人人争相传写，一时洛阳纸贵。

156．横槊赋诗传孟德，引壶酌酒尚陶潜。（《卷下·十四盐》）

※ 曹操字孟德，赤壁之前曾横槊赋诗。横槊：横拿着一种长杆的矛。引：提起。陶渊明名潜，其《归去来兮辞》有"引壶觞以自酌"句。

157．一枰决胜，棋子分黑白；半幅通灵，画色间丹青。（《卷下·九青》）

※ 间：此处念第四声，动词用法，意为分隔。

158．抚动琴弦，遽觉座中风雨至；哦成诗句，应知窗外鬼神惊。（《卷下·八庚》）

※ 遽：急、仓促。晋国乐师师旷演奏《清角》曲，风雨忽至。哦：吟哦、创作推敲诗句。杜甫《寄李十二白二十韵》中有"笔落惊风雨，诗成泣鬼神"句。

对联选读

导读：对联，又名楹联、楹帖、对子等，是人们悬挂、张贴在墙壁、楹柱上两两相对的联语。它是一种文雅的民俗文化；它属于"国学"，却通俗易懂；它接近诗词歌赋，却更为实用；它格式简单、篇幅短小，功能多样、用途广泛；它深入人心，历千年而不衰！它独有的魅力，是汉字艺术中一道最亮丽的风景。

在中国古代，对联的学习是古时候私塾读书的必修课。学习对联能使你更加热爱汉语汉字，学习对联能使你成为风度翩翩的优雅少年！

本书辑选必读精彩对联，以"我"为架构，纵横千年对联文化时空，全方位展现对联文化的魅力。

第一部分　我与自我

题记：人从落地开始，其实就已经开始自我认识和成长了，这就像一棵树苗从土里钻出来，一个历程接着一个历程，变高变粗、终于长成。这期间需要书本的浇灌、修身进取的励志精神来做养料。

1. 三分水竹三分屋；一寸光阴一寸金。
※ 竹子是房屋主人品德高尚的象征，时间是每个人都要珍惜的宝贵财富。这是古人用格言对子来告诉我们，要做一个珍惜时间、有着高尚情操的人。

2. 风声雨声读书声，声声入耳；家事国事天下事，事事关心。
※ 明代东林党人顾宪成写这副对子时，连用四个重复的"声"和四个重复的

"事"来勉励当时读书人要认真读书、并要常常关注国家大事。现在读来,这副对联还是让人感慨不已呵!

3. 书山有路勤为径;学海无涯苦作舟。

※ 径,就是道路的意思。古人很早就用对联告诫孩子,读书只有勤奋才能通向成功,学习只有刻苦才能到达成功的彼岸。

4. 七年远谪,不意自全;万里生还,适为天幸。

※ 这副对联虽然字数不多,却用短短十六字写出了苏轼自己一生坎坷流离的仕途生活,应该说没有人比苏轼自己更明白其中的辛酸了。你感兴趣的话,读读林语堂的《苏东坡传》就明白这副对联的意思了。

5. 事到知足心常惬;人到无求品自高。

※ 惬,意指舒服放松。纪晓岚作的这副对联告诉我们:做人要懂得满足,才能获得快乐;人没有太多的欲望,品德自然就高尚。

6. 铁肩担道义;妙手著文章。

※ 杨继盛是明代进士,他专门写文章揭露当时的奸臣严嵩。他的这副对联就形象生动地描绘了他仗义执言的个性。

7. 一失足成千古恨;再回头是百年身。

※ "一失足""再回头"是有趣的流水对古联,上下联在内容上是连贯的,在语气上是有衔接的,有行云流水般的阅读效果,值得我们读一读。

8. 养心莫善寡欲;至乐无如读书。

※ 郑成功是明末抗清英雄,后收复被荷兰人占领的台湾。这副对联是他修身养性、完善人格的概括,表现了他重视个人品德修养、以读书为乐的高尚情怀。

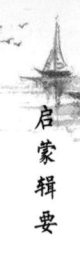

9. 平生一片心，不因人热；文章千古事，聊以自娱。

※ 平生，即是一辈子。这副对子的作者是清道光年间的秀才朱景昭，他不愿攀求权贵，宁可在僻静的书斋里读书写作，精神可嘉。

10. 志不求荣，满架图书成小隐；身虽近俗，一庭风月伴孤吟。

※ 小隐，就是避世的隐士。这副对联是晚清文人徐照的书斋联，他明明白白写出了自己乐于读书和清白做人的高洁追求。不可不读啊！

11. 日月两轮天地眼；读书万卷圣贤心。

※ 这副对子的作者是南宋理学家朱熹。我想，只有真正热爱读书的人，才能沟通古代圣贤的情感和思想吧。

12. 武侯读书，大意略观，是讲求经济；渊明鼓琴，不求甚解，乃涵养性情。

※ 对联作者文天祥是南宋最后一任丞相，为人正直，忠诚爱国。"人生自古谁无死，留取丹心照汗青！"就是他的名句。这副对子讲述诸葛亮和陶渊明的读书方法，虽然个性不同，但是其中道理是相通的。

13. 为人树起脊梁铁；把卷撑开眼海银。

※ 谭嗣同，清末戊戌变法七君子之一。他作的对子气象雄伟，有古代君子做人的骨气和不同凡响的读书情怀。

14. 立志不随流水转；留心学到古人难。

※ 求学，是需要远大志向的；读书，是需要勤奋努力的。看看古人的格言对联，你是不是受到强烈地感染了呢？

15. 斗酒纵观廿一史；炉香静对十三经。

※ 这副对子是明代忠臣史可法所作。作者在斗室中熟读古代史书和经典，做好了为国家报效和贡献自己力量的一切准备。拳拳之心，让人感慨不已！

16. 发愤识遍天下字；立志读尽人间书。

※ 这副对子的作者苏轼是北宋文学家、唐宋八大家之一。传说苏轼曾经写过"识遍天下字，读尽人间书"的骄傲话。后来加上四字，才成为眼前这一副好联的。

17. 咬定几句有用书，可以充饥；养成数竿新生竹，直似儿孙。

※ 这副对子的作者郑板桥是清代著名书画家、扬州八怪之一。这副对联把读书和做人的骨气作为家规，郑板桥可真是了不起啊！

18. 心术不可得罪于天地；言行要留好样与儿孙。

※ 这副对子的作者袁崇焕是明朝戍边大将，后被冤杀。他的这副对联把做人道理、言传身教的重要性讲得清清楚楚，看来古人比我们现代人明白啊！

19. 临喜临怒见涵养，群行群止见品格；大事难事看担当，逆境顺境看襟怀。

※ 这副对联讲胸怀担当、讲品格涵养，这些都是做人见高低的重要方面。爱读书和爱读对子的孩子们可以收藏啊！

20. 处事德为本；居家书当先。

※ 这副对子言简意赅地说明道德是处世做人重要的底线，也是待人居家的重要准则。这样精彩的对子，是不是应该把它挂在书房里呢！

第二部分　我与社会

题记：人离开了国家，就像水滴离开了河流；人缺少了民族的认同，就如截断了树根的大树；人没有幽默感，很像丢失了灵魂的躯干。人必须在社会的涵养中成长。

1. 世间谤我、欺我、辱我、笑我、轻我、贱我、恶我、骗我，遇此则应如何避之；只是忍他、让他、由他、避他、耐他、敬他、礼他、躲他，再过几年你再

看他。

※ 这副对联是唐代两位高僧寒山和拾得的绝妙对答。人生总是有不如意的事情的,如果你用这样的胸怀去对待困境,那么还有什么事情能够难倒你呢?

2. 因荷而得藕;有杏不须梅。

※ 荷谐音何,藕谐音偶。杏谐音幸,梅谐音媒。这副对子说的是为何能得到美好的伴侣呢?是因为实在太幸运了,不需要媒人的介绍就遇到了心仪的对象。这是妙用谐音、一语双关的好联呵!

3. 宰相合肥天下瘦;司农常熟世间荒。

※ 这副对子说的宰相是清朝大官李鸿章所任官职,李又是合肥人;司农是清朝大官翁同龢所任官职,翁又是常熟人。这两人就职期间,天下灾荒不断、百姓不满。这副对子可是说到了骨子里呢!

4. 宇内江山,如是包括;人间骨肉,因此团圆。

※ 上联指馄饨,下联指汤圆。这副对联不仅字义双关,还是一个极其有趣的谜语呢!给你的爸爸妈妈猜猜吧。

5. 海水朝朝朝朝朝朝朝落;浮云长长长长长长长消。

※ 上联读音:海水潮,朝朝潮,朝潮朝落。下联读音:浮云涨,长长涨,长涨长消。这是山海关孟姜女庙前的一副绝妙好联,多音字的利用,到了让人敬佩的程度了!

6. 二三四五;六七八九。

(横额)南北

※ 上联缺少"一",下联缺少"十",横额没有"东西"。隐去的四字,以谐音的方式说出"缺衣少食,没有东西",表达生活困难的意思,是不是很有意思呢?

7. 爽气西来，云雾扫开天地憾；大江东去，波涛洗尽古今愁。

※ 这副对子是宋代大文豪苏轼题在武昌黄鹤楼上的对联。"云雾扫开"和"波涛洗尽"处处体现作者胸怀磊落的为人和乐观自信的精神面貌！看似写景，实则抒怀。

8. 大肚能容，容世间难容之事；开口便笑，笑世间可笑之人。

※ 这副对联悬挂于北京潭柘寺弥勒佛两侧。只要读到这副对联，你就能想象弥勒佛慈眉善目、挺着圆滚滚肚皮的可爱形象了。

9. 琵琶琴瑟八大王，王王在上；魑魅魍魉四小鬼，鬼鬼犯边。

※ "琵琶琴瑟"的读音是"pí pā qín sè"；"魑魅魍魉"的读音是"chī mèi wǎng liǎng"。这副拆字联历史悠久，上联其实是古代外国使者下的战书，下联是我国朝廷大臣表示应战的对句，你没想到吧！

10. 三间东倒西歪屋；一个千锤百炼人。

※ "三间"和"一个"都是妙用数字的效果；你猜出是哪个行业的对联了吗？你一定猜对了，这就是铁匠铺。

11. 墙上芦苇，头重脚轻根底浅；山间竹笋，嘴尖皮厚腹中空。

※ 对子的作者解缙是明代著名的神童，以才思过人著称。这副对联是用来挖苦那些徒有其表的人的，你看出来了吗？

12. 世事如棋，一着争来千古业；柔情似水，几时流尽六朝春。

※ 对子的作者朱元璋是明朝开国皇帝。这副对联倒有几分开国皇帝的气度呢！

13. 春随香草千年艳；人与梅花一样清。

※ 对子的作者徐霞客是明代著名旅行家。此联是徐霞客题小香山梅花堂联，可见其壮游天下的志向坚如梅花啊！

14. 海纳百川，有容乃大；壁立千仞，无欲则刚。

※ 对子的作者林则徐为清代著名禁烟英雄。此联题于林则徐的衙署厅堂，其气度和胸怀让人可敬可佩！

15. 似入万重山，不离三亩地；欲穷千里目，更上一层楼。

※ "欲穷千里目，更上一层楼"是唐代诗人王之涣的名句。上联对下联时，名句典故运用得恰到好处、不见其缝呢。

16. 室雅何须大；花香不在多。

※ 清代书画家郑板桥作的这副对子，适合高雅脱俗的居室摆设。小小的居室有文人雅致何必太大？花的香气如果馥郁，一二朵花也就足够了。

17. 客上天然居，居然天上客；人过大佛寺，寺佛大过人。

※ 清代的乾隆皇帝想用这副回文对联来难难大臣，可没难住聪明的纪昀，他想起北京大佛寺，三下五除二就写出了绝妙的下联。读一读，你就佩服纪昀的才思敏捷了。

18. 鱼有化机参活泼；人无俗虑悟清凉。

※ 化机，指鱼有化身为龙的机缘。这副杭州玉泉寺的对联有佛家禅理，不得不说是一副好联呢。

19. 书如青山常乱叠；灯如红豆最相思。

※ 这副对联是清代学者纪昀的名联，也是一副很有生活气息，又极富美感的书斋联。

20. 水能性淡为吾友；竹解心虚是我师。

※ 这副对联是清代学者陈元龙的书斋联。这副对子文采飞扬，启迪智慧，运用拟人的修辞手法，写出了水和竹的特性，生动形象、让人印象深刻。

21. 千秋冤狱莫须有；百战忠魂归去来。

※ 这副对联是题写在汤阴岳飞庙上的。岳飞，南宋爱国将领，后冤死风波亭。在几乎每一个时代，中华民族都会有无数的英雄诞生，他们留给后人的精神财富熠熠生辉。

22. 明月梅花拜祁连高冢；疾风劲草识板荡忠臣。

※ 这副对子是题在扬州史阁部祠的，史阁部即史可法，明末忠臣。历史会尊重每一个忠诚于那个时代的人们，并牢牢记住他。史可法就是其中一位忠心不二的佼佼者。

23. 忍令上国衣冠，沦于夷狄？ 相率中原父老，还我河山！

※ 这是太平天国运动领袖石达开撰写的一副对联。这副对联有宏大的气魄和雄奇的笔势，让人印象深刻。

24. 青山有幸埋忠骨；白铁无辜铸佞臣。

※ 这副对联是古人对岳飞精忠报国最精彩的评价。青山因为岳飞埋葬于此，而感到庆幸；白铁却是无辜的，铸成了奸相秦桧夫妇可耻的塑像。同样，对联拟人手法也是用得恰到好处！

25. 欲除烦恼须无我；历尽艰难好作人。

※ 这副对联为清代俞樾所作。上联有道家之风，弘扬去除个人私心；下联讲述体验人生的重要，让人读来意味深长。

26. 风云三尺剑；花鸟一床书。

※ 这副对联是明代忠臣左光斗所作。短短十个字，却胸怀天下，有豪情万丈，也有书卷花香，读来实在令人神往。

27. 一县好山留客住；五溪秋水为君清。

※ 这是清代爱国英雄林则徐馈赠友人的一副对联，虽然我们不知道这位友人

的详细情况，单就对联来看，这位友人一定是个德高望重的高人！

28. 振中华，掌权须似秦皇汉武；斗洋寇，挥戈应如继光则徐。

※ 这副对联出自清末女联家吴芝瑛之手。女子写联，竟也有万丈豪情，实在不能小看女子啊！

29. 家藏千卷书，不忘虞廷十六字；目空天下士，只让尼山一个人。

※ 虞廷：指舜的朝廷，相传舜为古代明主，故常以"虞廷"作"圣朝"的代称。十六字，指《尚书·大禹谟》："人心惟危，道心惟微，惟精惟一，允执厥中。"宋儒将此十六字视为尧、舜、禹心心相传的个人道德修养和治理国家的原则。尼山：本为山名，在山东曲阜，此处代指孔子。

这副对联是宋人刘少逸小时候所写。据说他跟随师傅去拜访名士罗思纯时，脱口而出的对子。刘少逸小小年纪在前辈面前便以此种口气说话作对子，才思敏捷处，着实令人震惊。

30. 何处招魂，香草还生三户地；当年呵壁，油流应识九歌心。

※ 这副对联是古人写来纪念楚国大夫屈原的，同样，端午节的设立也是为了纪念屈原的爱国精神。好好读一读，你能从对子中找到屈原的作品名称吗？

第三部分　我与生活

题记：生活有时就是油盐酱醋茶般的繁琐，生活有时就是笔墨纸砚似的平常，生活有时就是随处可见的熟悉和再现。生活离不开我，我离不开传统文化的熏陶。

1. 到来尽是甜言客；此去应无苦口人。

※ 这副对联是贴在哪种店的门口的呢？我想大家都猜出来了吧。对了，是糖果店。

2. **酿成春夏秋冬酒；醉倒东西南北人。**

※ 这副对联几乎是不用猜的，大家都知道这是酒家的对联。

3. **三尺地五洲四海；一瞬间万古千秋。**

※ 这副是贴在戏剧舞台两侧的对联，读了它，是否让你有了世事沧海桑田的感觉呢？

4. **一气呵成凭运腕；五更梦处顿生花。**

※ 这副对联运用了梦笔生花的典故，自然是贴在笔店的门口的。

5. **笔势染来虹气现；砚痕干处月轮开。**

※ 笔有神，砚亦有神，一个带来"虹气"，一个引来"月轮"。说的是绝妙的笔砚造就了绝妙的文章和书法，挂在哪里你肯定猜到了。

6. **欲把西湖比西子；从来佳茗似佳人。**

※ 这副对联的上联是引用了苏轼的《饮湖上初晴后雨》中的名句。下联是恰好引出茶馆店卖好茶的创意来，挂在茶馆是最自然不过的了。

7. **刻刻催人资警省；声声劝尔惜光阴。**

※ 这副对联是挂在钟表铺门口的一副好联。它既能表明钟表铺的职业特点，又有劝世的哲理，写得真棒！

8. **摄将真面去；幻出化身来。**

※ 这副对联是古人贴在老照相馆门口的妙联。一摄一幻，点出相机的奥妙。用词之美，让人叹为观止！

9. **到来尽是弹冠客；此去应无搔首人。**

※ 此对联是旧时理发店店主所作。应该说，这副对联用词典雅贴切，实在是一副真正的好联呐！这样的理发店，我也要去。

10. 宾至如归，少安毋躁；客来不速，小住为佳。

※ 这副对联是旧时旅店用的门联。这副对子不但写出了旅店的特色，而且用字用词也特别流畅。

第四部分　我与自然

题记：大自然高兴了，天空就阳光明媚；大自然伤心了，天空就刮风下雨了；大自然觉得没趣了，就把花鸟虫鱼统统赶出来，让它们在天地间游戏、玩耍。

1. 水水山山处处明明秀秀；晴晴雨雨时时好好奇奇。

※ 此联为杭州中山公园联。这副对联巧用叠词，描写上不比苏轼笔下的西湖之景逊色，更妙的是无论你正读反读，对联都是能够读通顺的。

2. 回顾八荒茫，天何其高也；一览众山小，人奚足算哉！

※ 此联来自泰山山顶亭联。泰山古称岱宗，"一览众山小"是杜甫《望岳》中的千古名句。可见祖国河山是多么壮丽啊！

3. 岭边树色含风冷；石上泉声带雨秋。

※ 此联是唐代诗人骆宾王续对宋之问的名联。有一次，宋之问入山游玩，吟了上句"岭边树色含风冷"，一直苦无下句，推敲至一座古寺，一个老僧当场续对了下句。宋之问大惊，经过询问，才知道他是起兵反抗武则天失败而躲进深山的初唐四杰之一：大诗人骆宾王。

4. 二崤虎口夸天险；九折羊肠确地雄。

※ 此联来自嘉峪关城楼联，所谓"一夫当关，万夫莫开。"嘉峪关的雄伟气势应该值得我们亲自去看看！

5. 绿水本无忧，因风皱面；青山原不老，为雪白头。

※ 此联赋予了青山绿水人的特性，拟人手法用得可圈可点呢。

6. 北斗七星三四点；南山万寿十千年。

※ 这副对联巧用数字、比拟的手法来表现春联的吉祥祝福。你看出来了吗？

7. 天当棋盘星当子，谁人敢下；地作琵琶路作弦，哪个能弹？

※ 这副对子的夸张手法运用可谓登峰造极、让人印象深刻，真是一副好联啊！

8. 清风明月本无价；近水远水皆有情。

※ 此联来自苏州沧浪亭。读此联，真是让人顿生亲近自然之心啊！

9. 重重叠叠山，曲曲折折路；高高下下树，叮叮咚咚泉。

※ 此联来自杭州的九溪十八涧联。山高路长、树多水悠，正是人间天堂的绝美写照。

10. 四面荷花三面柳；一城山色半城湖。

※ 这副对联来自济南大明湖联。济南以泉水出名，从这副对联的描写中我们可以看见大明湖美好动人的夏天美景。

11. 汉水接苍茫，看滚滚江涛，流不尽云影天光，万里朝宗东入海；锦城通咫尺，听纷纷丝管，送来些鸟声花气，四时佳兴此登楼。

※ 此联来自成都望江楼联。这副对联的联语虽然长，但读来有波澜壮阔，令人豪迈之气顿生，确实有登楼望长江的切身体会！

12. 矗立冈峦，起伏蹲踞如猛虎；迂回栈道，蜿蜒曲折似长蛇。

※ 此联为四川剑阁联。诗人李白写"蜀道难，难于上青天！"这副对联倒也能写出蜀道之难！

13. 有三分水，四分竹，添七分明月；从五步楼，十步阁，望百步长江。

※ 此联来自黄遵宪的人境庐联。书房有此情此景的美丽，真是让游人驻足留

步、流连忘返啊！

14. 春风放胆来梳柳；夜雨瞒人去润花。

※ 此联来自郑板桥写的春联。一个"放胆"和一个"瞒人"，应该说，这副对联的拟人手法运用得真好啊！

15. 万树梅花一潭水；四时烟雨半山云。

※ 这副对联来自丽江的黑龙潭联。山水花雨如诗入画，大自然的鬼斧神工是需要我们用心去体会的。

16. 鱼戏平湖穿远岫；雁鸣秋月写长天。

※ 此联来自西湖的平湖秋月联。鱼的游动、大雁的鸣叫、远山秋月的映衬，如此动静相间的意境美，值得我们到此一游啊！

17. 桃花红压玻璃水；萍藻深藏翡翠鱼。

※ 这副对联是西湖的玉泉观鱼联。桃花红和翡翠鱼的描写，让色彩和感觉都呼之欲出了！写绝了！

18. 无边晴雪天山出；不断风云地极来。

※ 此联来自甘肃的玉门关联。读了这副对子，我们仿佛一下子就被带到了风雪侵人的大漠塞外，感觉好冷啊！

19. 急水与天争入海；乱云随日共沉山。

※ 此联是镇海楼联。读了此联，可真让人感到这地方是一个大海震怒的险地，非镇住不可呢！

20. 伟石皆人立；倚崖鸟忽惊。

※ 此联是天平关联。读了这副对联，你是不是汗毛竖起，感受到了天平关关口的险要了呢？

第五部分　我与艺术

题记：艺术是什么？艺术是佳肴中必不可少的盐巴，艺术是钢琴键盘指尖飞跃的灵感，艺术是文人泼墨山水画中恰到好处的题跋和印拓。

1. 好读书，不好读书；好读书，不好读书。

※ 读了明代书画家徐渭的这副对联，是不是觉得有点奇怪呢？"好"字其实有两个含义，这副对联的意思是：年轻时精力充沛，能读书却不好好读书；年老时，爱好读书，却因为身体原因不能好好读书了。开卷有益，读书趁早！

2. 删繁就简三秋树；领异标新二月花。

※ 这副对联是郑板桥在山东潍县任县令时，就如何作文写的一副对联。删繁就简、求新求异，正是写作的精髓技巧。

3. 书从疑处翻成悟；文到穷时自有神。

※ 郑板桥这副对子上联讲读书有了疑问，也就达到了"悟"的境地；下联从作文角度阐发了"穷则变，变则通，通则久"的道理。板桥对读书作文奥秘的领悟，是否也给了你深刻的启迪了呢？

4. 有志者，事竟成，破釜成舟，百二秦关终属楚；苦心人，天不负，卧薪尝胆，三千越甲可吞吴。

※ 此联据传是蒲松龄决意发愤著书写的一副对联。作者科举考试连连失败，就用项羽和越王勾践的典故来表达自己决心著书立说的宏伟心志。

5. 一竹一兰一石；有节有香有骨。

※ 这副对联是清代郑板桥题书斋联。板桥爱竹石，其实是爱其神，兰花也是如此。做人有骨气，应当学学板桥先生的风骨！

6. 东寺死个和尚；西天添个如来。

※ 此联是清代的郑板桥写的一副著名的挽联，这副对子不落俗套，没有写和尚的生平事迹，却对和尚死后的归宿展开大胆想象，让人读来回味无穷呢！

7. 身无彩凤双飞翼；心有灵犀一点通。

※ 此联是唐代诗人李商隐七律《无题》的对仗句。像这样的对联在我国悠久的诗歌历史中可以说是数不胜数，你也可以去从唐诗中找几副这样的对联来读读。

8. 李太白春夜宴桃李，桃花太红李太白；柳如是良宵攀松柳，松荫如斯柳如是。

※ 此联出自于清末陈云凤的一副嵌名联。上联讲唐代诗人李白；下联讲能诗善画的明末才女柳如是。名字和对联的内容配合得这么好，真是绝了！

9. 生死一知己；存亡两妇人。

※ 此联是汉朝大将韩信墓前的一副对联。上联写韩信得萧何的举荐得到重用，又因萧何设计而死；下联写救他活命的漂母和置韩信于死地的吕后。寥寥几字，真是写得妙极了。

10. 翁去千余载，醉乡犹在；山行六七里，亭影不孤。

※ 此联表面写的是老翁醉酒、山间景色，其实是告诉我们一个北宋大文学家流传千年的名篇。你猜出来了吗？告诉你答案，这就是欧阳修的《醉翁亭记》。

11. 两表酬三顾；一对足千秋。

※ 此联是古人写诸葛亮的一副对联。前后《出师表》、三顾茅庐的故事，相信大家都很熟悉了，用来写照诸葛孔明的功绩是比较合适的。

12. 看我非我，我看我，我也非我；装谁像谁，谁装谁，谁就像谁。

※ 此联是京剧大师梅兰芳特别喜欢的一副古联。这副对联语言虽平淡通俗，却能准确反映戏剧艺术的真谛呢！

13. 纸上纵毫万水千山；雪中缀景百态多姿。

※ 此联是贴在卖书法用品的店门口的。你看：这万水千山正是毛笔在纸上挥毫绘画的场景，买宣纸，上这家买就对了。

14. 爱画入骨髓；吐词合风骚。

※ 此联是明代皇族后裔朱耷题写的居室联。居室主人的高雅和爱好真是让人钦佩羡慕啊！

15. 写鬼写妖，高人一等；刺贪刺虐，入骨三分。

※ 此联是清代蒲松龄故居的一副对联。它三言两语就把蒲松龄一生中最重要的作品《聊斋志异》的内容和主旨都体现出来了！

16. 悯介推而禁火；怅崔护之题门。

※ 介推，即是介子推。崔护，是唐代诗人。此联上联为清明节而写，下联为崔护而作，可谓匠心独具！

17. 无可奈何花落去；似曾相识燕归来。

※ 这副对联是北宋词人晏殊和王琪所对。上联晏殊几年来一直无法对出，后与王琪谈起，王琪应声道："似曾相识燕归来。"晏殊听了以后非常赏识这句即兴创作的下联，并把这副对联收入他的词作中，这段佳话就由此流传千古。

18. 书搜万卷，读书求实用；笔剩一枝，下笔尚真情。

※ 这副对联是清代诗人王士禛自题书房联。此联一语道出了读书写作关键是真情实感。

19. 假作真时真亦假；无为有处有还无。

※ 这副对联是《红楼梦》中的名对。在书中是太虚幻境门前的楹联，上下联的联语尽显生活哲理，值得我们好好咀嚼。

20. 世事洞明皆学问；人情练达即文章。

※ 这副对联是《红楼梦》第五回宁国府上房联。虽然此联有些老于世故，但说的也确实符合人情。

《唐诗三百首》选读

导读:"熟读唐诗三百首,不会作诗也会吟。"为了验证这句谚语,清代的蘅塘退士编写了《唐诗三百首》给孩子们学习。三百年来,这本选集可谓家喻户晓,常读常新,成为人们学诗必选的启蒙教材。

第一部分 我与自我

题记:你想过置身于苍茫的天地之间是什么感受吗?你想过在面对困难时如何抒发自我吗?我们来看看唐代的诗人们如何面对自己、鼓励自己吧!

1. 前不见古人,后不见来者。念天地之悠悠,独怆然而涕下。(陈子昂《登幽州台歌》)

※ 没有古人,没有来者。两次否定营造了一个空旷的背景,超越古今,无边无际。只有一个孤独的诗人,高台独立,飞洒热泪。

2. 我本楚狂人,凤歌笑孔丘。手持绿玉杖,朝别黄鹤楼。五岳寻仙不辞远,一生好入名山游。(李白《庐山谣寄卢侍御虚舟》)

※《论语》记载楚狂人接舆对孔子歌曰"凤兮凤兮,何德之衰也"。李白自比为接舆,疏狂慷慨,吞吐万象。选文之后的部分更是将庐山描写得气势壮伟、卓拔超雄。

3. 弃我去者,昨日之日不可留。乱我心者,今日之日多烦忧。长风万里送秋雁,对此可以酣高楼。蓬莱文章建安骨,中间小谢又清发。俱怀逸兴壮思飞,欲

上青天揽明月。抽刀断水水更流，举杯消愁愁更愁。人生在世不称意，明朝散发弄扁舟。（李白《宣州谢朓楼饯别校书叔云》）

※ 此诗天马行空，逸兴遄飞。这就是李白。诗篇分三个部分，开首四句篇总是浩荡而壮阔。两个对句用了大量的仄声（第三声、第四声、入声）。第二部分以"长风"开始，高朗飞扬，音色明亮，情绪狂放，"酣高楼""揽明月"。忽然急转直下到了第三部分，"举杯消愁愁更愁"。但最后的"明朝散发弄扁舟"，又在愁思中有一股清越之气。

4. 金樽清酒斗十千，玉盘珍羞直万钱。停杯投箸不能食，拔剑四顾心茫然。欲渡黄河冰塞川，将登太行雪满山。闲来垂钓碧溪上，忽复乘舟梦日边。行路难，行路难。多歧路，今安在。长风破浪会有时，直挂云帆济沧海。（李白《行路难》）

※ 面对着美酒、美食突然停杯放下筷子，无心饮食，拔剑四顾，心下茫然。想渡过黄河，可是河水冰封；想登太行山，却雪落满山。闲来想学姜太公在水边钓鱼，睡着了，像伊尹遇到商朝开国君主成汤之前一样梦见乘船到日月之边。李白只能在梦里实现自己的心愿，醒来就是各种艰难困苦，无路可走。但是他仍认为应当会像宗悫一样乘着长风冲破万里浪，像孔夫子一样挂着云帆渡过沧海。

5. 君不见黄河之水天上来，奔流到海不复回。君不见高堂明镜悲白发，朝如青丝暮成雪。人生得意须尽欢，莫使金樽空对月。天生我材必有用，千金散尽还复来。（李白《将进酒》）

※ 你看见黄河之水从天上澎湃而来，奔流到海不复回吗？你看见厅堂高高的明镜照出白发，清晨是黑发黄昏已是白发吗？时间就这样流逝，人生就应当尽情欢乐，别让金杯白白对着明月。天生我材必有用，千金散尽，还能再来。时光流逝，李白并不感伤，反而更加豪迈，这就是盛唐之音。

6. 劝君莫惜金缕衣，劝君惜取少年时。花开堪折直须折，莫待无花空折枝。（杜秋娘《金缕衣》）

※ 我劝你不要吝啬才华和金钱，我劝你珍惜少年的时间。花开时能够采摘就赶紧采摘，不要等花儿凋败时空折枝子。此诗回环重复，但词气明爽，"莫惜""惜

取""堪折""须折""空折",层层跌宕,读之不厌。

第二部分 我与社会

题记:什么是社会?什么是国家?什么是战争?看看唐代的诗人们怎么描述家国情怀。

1. 少小离家老大回,乡音无改鬓毛衰。儿童相见不相识,笑问客从何处来。(贺知章《回乡偶书》)

※ 少年离乡,老大才归来。乡音未改,但鬓发已变少斑白。天真烂漫的孩子以为"我"是外乡人,问"我"从哪来。诗歌短而有味,意蕴无穷。

2. 葡萄美酒夜光杯,欲饮琵琶马上催。醉卧沙场君莫笑,古来征战几人回。(王翰《凉州曲》)

※ 琥珀色的美酒在白玉做的夜光杯中,流光溢彩。军中琵琶,马上奏鸣更相催。短兵相接的战场,诗人坦然醉卧,面对他人的谑笑,放出豪言"古来征战几人回",不羁之态如在眼前。《封氏闻见录》记载王翰私下将海内文士分为九等,他将自己和张说、李邕并列第一,其余都被排斥,豪迈超逸的性格可想而知。

3. 白日登山望烽火,黄昏饮马傍交河。行人刁斗风沙暗,公主琵琶幽怨多。野营万里无城郭,雨雪纷纷连大漠。胡雁哀鸣夜夜飞,胡儿眼泪双双落。闻道玉门犹被遮,应将性命逐轻车。年年战骨埋荒外,空见葡萄入汉家。(李颀《古从军行》)

※ 交河:新疆吐鲁番的一个城池。白天登上山头,观望报警的烽火。黄昏牵引战马,傍着萦回的交河。行人敲报更的刁斗,风沙遮蔽天光。琵琶声声,仿佛和蕃公主的幽怨。荒野的云连万里,雨雪纷纷,弥漫大漠。胡雁哀鸣夜夜飞,胡儿悲啼哭泣。听说回到玉门关还要被皇家禁止,只得拼却性命,追逐战车。年年岁岁,阵亡的人埋骨郊外,只见葡萄进贡汉家。

4. 秦时明月汉时关，万里长征人未还。但使龙城飞将在，不教胡马度阴山。（王昌龄《出塞》）

※ 此诗为"唐人七绝第一"，开门见山，气象非凡。"秦时明月汉时关"，那么坚定，那么久远，在时间上、空间上都成为不可消失的印象。它给我们短暂的生命带来了永恒的认识，如雕塑般屹立千古的坚定。月色的柔和本来不适合这坚定的表现，但"秦时明月汉时关"的月照得那么分明，那么壮观，仿佛从秦汉一直照到唐代，这才有了"万里长征人未还"一泻千里的气势。

5. 饮马度秋水，水寒风似刀。平沙日未没，黯黯见临洮。昔日长城战，咸言意气高。黄尘足今古，白骨乱蓬蒿。（王昌龄《塞下曲》）

※ 水寒刺骨，朔风如刀，饮马渡水，顿起肃杀凄厉之感。大漠万里，夕阳昏黄，临洮这一兵家必争之地越来越暗。这长城边上的战争，曾经有多少人豪气冲云天。漫天黄沙弥漫古今，现在都只剩一堆白骨和乱草。

6. 蝉鸣空桑林，八月萧关道。出塞入塞寒，处处黄芦草。从来幽并客，皆共黄沙老。莫学游侠儿，矜夸紫骝好。（王昌龄《塞下曲》）

※ 中原的八月仍是夏木浓荫，但在边塞却已经桑林枯败、秋蝉长鸣。出塞入塞都很寒冷，处处长满黄芦草。自古幽州并州的男儿，都在艰苦的沙场老去。不像京城的纨绔子弟，只夸耀紫骝马儿好。这对比何等强烈啊！

7. 琵琶起舞换新声，总是关山旧别情。缭乱边愁听不尽，高高秋月照长城。（王昌龄《从军行》）

※ 琵琶上曲子虽然换了各种节奏音律，但不变的总是归乡之情。曲子撩得人心中归思无限，这时高高的秋月清辉洒遍长城。战士的家人们此刻也共享着这轮月亮，无限怅惋。

8. 风吹柳花满店香，吴姬压酒劝客尝。金陵子弟来相送，欲行不行各进觞。请君试问东流水，别意与之谁短长。（李白《金陵酒肆留别》）

※ 压酒：榨酒。明媚的吴地三月，风吹柳絮，满屋清香。酒家女榨出新酒，

热情地劝酒客们品尝。朋友们来给我送行,我想出发却还未能出发,大家一轮轮地喝酒。问问东去的长江水,谁的别意更长?

9. 长安一片月,万户捣衣声。秋风吹不尽,总是玉关情。何日平胡虏,良人罢远征。(李白《子夜吴歌》)

※ 李白善于营造清空宽远的氛围。"万户捣衣声"不是孤音一声,而是此起彼伏,气势浩大,音声朦胧,衬得月亮格外皎洁和清纯。

10. 国破山河在,城春草木深。感时花溅泪,恨别鸟惊心。烽火连三月,家书抵万金。白头搔更短,浑欲不胜簪。(杜甫《春望》)

※ 国都残破,山河却依旧。春天来了,只见荒城草木深。时局艰难,一花一鸟都触目惊心。战火持续不断,家书珍贵,能抵万金。愁思煎熬,青丝变白发,越来越短,简直连簪子都插不上了。

11. 岐王宅里寻常见,崔九堂前几度闻。正是江南好风景,落花时节又逢君。(杜甫《江南逢李龟年》)

※ 开元年间,曾在岐王和崔九的"艺术沙龙"里常遇见"流行歌王"李龟年。繁华盛世,他唱的《红豆》让人遐思无限。没想到后来安史之乱,大家都颠沛流离,苦无所依,在落花时节再次见到衣衫褴褛的李龟年,道一声"还记得那个春天吗?"曾经的青春和盛世回忆都涌上心头。

12. 月黑雁飞高,单于夜遁逃。欲将轻骑逐,大雪满弓刀。(卢纶《塞下曲》)

※ 单于:匈奴部落长,这里泛指北方少数民族的首领。首句"月黑"和"雁飞"渲染了紧张的气息,此刻单于逃、将军追,一触即发的战斗强化了紧张感。最后的"大雪满弓刀"显得既开阔又威凛肃杀,颇有武侠意味。

13. 回乐烽前沙似雪,受降城外月如霜。不知何处吹芦管,一夜征人尽望乡。(李益《夜上受降城闻笛》)

※ "沙似雪""月如霜"渲染了边塞大漠寥廓空茫的意境,此刻一声芦管格外

悲凉，引动征人无尽的归乡之思，让人想起王昌龄的《从军行》。

14. 天生丽质难自弃，一朝选在君王侧。回眸一笑百媚生，六宫粉黛无颜色。（白居易《长恨歌》）

　　※ 这是对杨贵妃的描述，"回眸一笑百媚生"可圈可点，可美可叹。是不是很想时空穿越去看看唐代第一大美女的姿容？

15. 七月七日长生殿，夜半无人私语时。在天愿作比翼鸟，在地愿为连理枝。天长地久有时尽，此恨绵绵无绝期。（白居易《长恨歌》）

　　※ 这是诗人对杨贵妃爱情故事浪漫化的想象，也成为了后来言情小说最常引用的诗句。

16. 誓扫匈奴不顾身，五千貂锦丧胡尘。可怜无定河边骨，犹是春闺梦里人。（陈陶《陇西行》）

　　※ "不顾身"的志气和华丽的"貂锦"相应，但最终命丧胡尘。这森森白骨，却仍然还在被"春闺"温柔地思念着。战士的志气、家人的温柔和战争的残酷形成鲜明对比，这就是战争。

17. 寥落古行宫，宫花寂寞红。白头宫女在，闲坐说玄宗。（元稹《行宫》）

　　※ 行宫不再繁华，花朵红艳绽放，却无人观赏。只有先朝宫女，白发闲坐，说说当年的玄宗。人生的精彩都在回忆里，只剩淡淡的悲哀。

18. 北斗七星高，哥舒夜带刀。至今窥牧马，不敢过临洮。（《哥舒歌》）

　　※ 北斗七星高悬天空，哥舒将军夜带宝刀。现在偷偷越界放牧的胡人，再也不敢越过临洮。

第三部分　我与生活

题记：回家所感，登山所想，做客所见，念友所思，种种滋味，细密又淡远。

1. 岭外音书绝，经冬复立春。近乡情更怯，不敢问来人。（宋之问《渡汉江》）

※ 五岭之外没有中原的音信，过了一个冬天，迎来立春。越盼归来，越怕归来——不知曾经朝夕与共的家人，如今依然安好否？

2. 人事有代谢，往来成古今。江山留胜迹，我辈复登临。水落鱼梁浅，天寒梦泽深。羊公碑尚在，读罢泪沾襟。（孟浩然《与诸子登岘山》）

※ 人生百事，总在新陈代谢。来来去去，便有了古与今。江山留存前辈美好的遗迹，我们后辈再次登临。秋季水线低落，鱼梁洲显露出来。天气寒冷，云梦泽显得更加深沉。将军羊祜曾登山说："自有宇宙，便有此山。由来贤人胜士，登此远望如我与卿者多矣，皆湮灭无闻，令人伤悲。"羊祜的碑还在，读完令人伤悲。

3. 故人具鸡黍，邀我至田家。绿树村边合，青山郭外斜。开轩面场圃，把酒话桑麻。待到重阳日，还来就菊花。（孟浩然《过故人庄》）

※ 老朋友准备了鸡和黄米饭，邀请我到田庄作客。绿树将村庄环绕，青山在城外横斜。打开窗，面对着谷场和菜园，我们把酒对饮说说农事。等到重阳，我再来尝你的菊花酒。何等闲适的田园生活。

4. 山光忽西落，池月渐东上。散发乘夕凉，开轩卧闲敞。荷风送香气，竹露滴清响。欲取鸣琴弹，恨无知音赏。感此怀故人，终宵劳梦想。（孟浩然《夏日南亭怀辛大》）

※ "夏月虚闲，高卧北窗之下，清风飒至，自是羲皇上人"，陶渊明的闲敞舒爽、潇散清幽和本诗颇为相似。夕阳西落，水月东上，夏日炎炎被习习夜气消散，夜凉如水，如沐清泉。风送荷香，露敲竹韵，清幽至极。这般清景只有古琴相称，却陡然想起没有知音。由此想起了朋友，希望在梦中同他共享这夏夜的清秀与芳馨。

5. 北山白云里，隐者自怡悦。相望试登高，心随雁飞灭。愁因薄暮起，兴是清秋发。时见归村人，平沙渡头歇。天边树若荠，江畔洲如月。何当载酒来，共醉重阳节。（孟浩然《秋登万山寄张五》）

※ 闲居北山的诗人与白云相对，一片怡悦。登上山头，心情忽变，暮色中的北雁南飞带来了薄愁，萌动的意念深入秋野之中，影绰微茫的天边，江畔月亮形状的小洲和空中弦月相应，天地似乎在一片清光中融合，梦一般的轻愁遐思引动诗人再来的向往。

6. 夕阳度西岭，群壑倏已暝。松月生夜凉，风泉满清听。樵人归欲尽，烟鸟栖初定。之子期宿来，孤琴候萝径。（孟浩然《宿业师山房待丁大不至》）

※ 之子：指丁大。期宿来：隔夜相约来此。夕阳翻过西岭，群山万壑忽然笼罩在暮色中。明月爬上松林，清光凉爽了夏夜，晚风送来泉声，泠泠地将山谷充盈。樵夫都回家了，暮霭中归鸟刚刚栖定。盼着丁兄隔夜前来，怀抱古琴，等待在藤萝山径。

7. 君家住何处，妾住在横塘。停船暂借问，或恐是同乡。（崔颢《长干行·其一》）
家临九江水，来去九江侧。同是长干人，生小不相识。（崔颢《长干行·其二》）

※ 女生主动搭讪，男生淡然回应，一个"愣头青"！

8. 寒雨连江夜入吴，平明送客楚山孤。洛阳亲友如相问，一片冰心在玉壶。（王昌龄《芙蓉楼送别辛渐》）

※ 夜来秋雨寒，弥漫着吴地江水，天还未亮，送客远行，楚山孤寂，有如我心。洛阳的亲友如果来问，我如一片冰心在玉壶。送友的孤寒的心情，对洛阳亲友自我辩护的愿望，使诗歌呈现出一派凄惘又清净的气息。

9. 山中相送罢，日暮掩柴扉。春草年年绿，王孙归不归？（王维《送别》）

※ 送别友人之后关起门，有些淡淡的落寞。春草每年都绿，公子你还回不回来？"归"的回环音节加强了落寞感。若是改成陈述句，况味将会大不同。

10. 君自故乡来，应知故乡事。来日绮窗前，寒梅著花未？（王维《杂诗》）

※绮窗：雕有花纹的窗。你从故乡来，应该知道故乡的事。我那有花纹的窗前，梅花绽放了吗？设想一下，你如果离家久了，你最关心家里的哪些消息？

11. 下马饮君酒，问君何所之？君言不得意，归卧南山陲。但去莫复问，白云无尽时。（王维《送别》）

※这诗写得风流潇洒，朋友说"不如意，就回去高卧南山"，最后两句尤其精彩，"不用多问我，看那白云，自由自在，无拘无束，飘飞无尽时"。以白云作结，涵咏不尽。

12. 空山新雨后，天气晚来秋。明月松间照，清泉石上流。竹喧归浣女，莲动下渔舟。随意春芳歇，王孙自可留。（王维《山居秋暝》）

※清空寂静的山中，新雨刚过，秋天的黄昏天气舒爽。月光透过松针照在山间，清泉在石间淙淙流淌。竹林间喧闹，才知道洗衣姑娘们回来了。莲叶摆动，才知道是渔船回来了。任由春天的花朵凋败吧，秋色美好，公子自可留在山间。

13. 寒山转苍翠，秋水日潺湲。倚杖柴门外，临风听暮蝉。渡头余落日，墟里上孤烟。复值接舆醉，狂歌五柳前。（王维《辋川闲居赠裴秀才迪》）

※秋山带上寒意，变成灰白，秋水仍每天浅浅徐徐地流着。我拄着木杖在柴门外，对着风听蝉鸣。渡头夕阳西下，村落中一炷烟升起。又逢楚狂人接舆（这里指裴迪）醉了，在五柳先生（这里指作者王维）面前高歌。苏轼评论王维"诗中有画，画中有诗"。"渡头余落日，墟里上孤烟"，千古名句呢。

14. 中岁颇好道，晚家南山陲。兴来每独往，胜事空自知。行到水穷处，坐看云起时。偶然值林叟，谈笑无还期。（王维《终南别业》）

※中年就很喜欢佛道，晚年在终南山边安家。兴致来了就独自走走，美好的事情就我一个人领会。走到山溪水源，就坐下来看看云。偶然遇到林间老头，说

说笑笑，都忘了要回家。整首诗的愉悦是恬淡而真挚的。

15. 吾爱孟夫子，风流天下闻。红颜弃轩冕，白首卧松云。醉月频中圣，迷花不事君。高山安可仰，徒此揖清芬。（李白《赠孟浩然》）

※ 中圣：酒醉。我敬爱孟浩然先生，他的风流潇洒天下都知道。年少时不做官，白发时依然高卧松树云中。对月频频醉酒，迷恋山花，不为君主做事。您像高山一样，我仰望都看不到山巅，只能在此向您的高风亮节致敬。

16. 故人西辞黄鹤楼，烟花三月下扬州。孤帆远影碧空尽，唯见长江天际流。（李白《送孟浩然之广陵》）

※ 老朋友辞别黄鹤楼，在春日花气如烟的三月去往扬州。孤帆一点点，消失在碧空中，只剩得滔滔长江，从天际流。空濛，但不凄惶，繁丽而又生动浩远，这就是盛唐。

17. 美人卷珠帘，深坐颦蛾眉。但见泪痕湿，不知心恨谁。（李白《怨情》）

※ 但：只。只见美丽的女孩在卷起的串珠帷帘里，皱着弯弯的眉毛。泪痕打湿了双颊，不知道心里在怨恨着谁。这首诗的趣味正在"不知"二字，触发了读者对楚楚可怜的姑娘哭泣的巨大想象。

18. 玉阶生白露，夜久侵罗袜。却下水精帘，玲珑望秋月。（李白《玉阶怨》）

※ 深夜，白玉阶上秋露滴，罗袜都浸湿。回屋放下水晶帘，隔着晶莹剔透的帘子望月怀远。全诗没有一个"怨"字，全用暗示。那"怨"深重而清亮，恍惚而玲珑。

19. 妾发初覆额，折花门前剧。郎骑竹马来，绕床弄青梅。同居长干里，两小无嫌猜。（李白《长干行》）

※ 女孩儿的头发刚刚盖住前额，折朵小花，在门前玩耍。郎君你骑竹竿当马来，女孩则绕着井边抛青梅玩。从小居住在长干里，两情相悦，没有猜嫌。这是"青梅竹马""两小无猜"成语的出典。

20. 舍南舍北皆春水，但见群鸥日日来。花径不曾缘客扫，蓬门今始为君开。盘飧市远无兼味，樽酒家贫只旧醅。肯与邻翁相对饮，隔篱呼取尽余杯。（杜甫《客至》）

※屋前屋后都有春水环绕，每天只有鸥鸟来拜访我。花间小径不曾因为有客人而打扫，蓬草编的门今天为你而打开。盘子里的菜肴滋味单调，因为离集市太远，杯中的酒是陈年的，因为家中贫寒。朋友如果你肯和邻家一起喝一口，我就隔着篱笆叫他来干杯！

21. 剑外忽传收蓟北，初闻涕泪满衣裳。却看妻子愁何在，漫卷诗书喜欲狂。白日放歌须纵酒，青春作伴好还乡。即从巴峡穿巫峡，便下襄阳向洛阳。（杜甫《闻官军收河南河北》）

※安史之乱之后，听说官方收复了河南河北，杜甫一家高兴坏了，于是作了这首诗。有人称之为"生平第一首快诗"。

22. 怀君属秋夜，散步咏凉天。空山松子落，幽人应未眠。（韦应物《秋夜寄丘员外》）

※秋夜的晚上我想念你，散步咏诗天气已凉。空山夜静，松子轻轻掉落，远方的朋友你应该还未入眠。

23. 绿蚁新醅酒，红泥小火炉。晚来天欲雪，能饮一杯无？（白居易《问刘十九》）

※风雪夜想起朋友，本会有些感伤，但新酒小火炉就让场面温馨起来。红绿和白雪相配，显出欢乐热闹的人气。小酒和火炉，显得温暖的体感和心情。最后用口语提问（能饮一杯无？），全诗洋溢在闲适又温暖的问候中。

24. 落魄江湖载酒行，楚腰纤细掌中轻。十年一觉扬州梦，赢得青楼薄幸名。（杜牧《遣怀》）

※人生不得志，带着酒五湖四海走。最爱楚女细腰，舞态轻盈。十年放浪，扬州有如一梦，只得到青楼薄幸名存。有人以为，这是杜牧在诗中忏悔自己十年

放荡。

25. 娉娉袅袅十三余，豆蔻梢头二月初。春风十里扬州路，卷上珠帘总不如。（杜牧《赠别·其一》）

※ 前两句用二月含苞待放的鸳鸯花——豆蔻比喻少女。春光明媚，如少女甜美。那些倚门卷珠帘的青楼女子比起你来，都不如。

26. 多情却似总无情，唯觉樽前笑不成。蜡烛有心还惜别，替人垂泪到天明。（杜牧《赠别·其二》）

※ 多情人在离别时却显无情，在饯别宴上想笑也笑不成。看似木然，实则伤心到极处才会如此。蜡烛流下蜡油，好像惜别流泪，拟人新颖又恰当，很是巧妙。

27. 君问归期未有期，巴山夜雨涨秋池。何当共剪西窗烛，却话巴山夜雨时。（李商隐《夜雨寄北》）

※ 巴蜀秋雨之夕，高山湖泊之中有一豆客舍灯火。本是萧索惆怅，但朋友的问候带来丝丝温暖，于是想到未来何时能和好友共剪西窗烛火，温馨地回忆这个风雨飘摇的苦涩现在。遥想温暖的未来如何回忆凄寒的当下，跳出当下，当下顿时就有了新的意义，当下的悲哀也夹杂着些许热望。这一奇思异想把七言的格局也打开了，时间空间都不局限于此时此地，但又与当下息息关联。这一关联感通过全诗叠词叠句所形成的回环音节来实现。

第四部分　我与自然

题记：诗人们的大自然有倔强的草、肥大的芭蕉、高高的蜀山，有猿啼，有鸟飞，还有明月陪我喝酒、仙女的镜子飞来人间。

1. 隐隐飞桥隔野烟，石矶西畔问渔船。桃花尽日随流水，洞在清溪何处边？（张旭《桃花溪》）

※《桃花源记》记载，武陵人捕鱼时忽逢桃花林，芳草鲜美，落英缤纷，就

缘溪前行，尽头是一座山，山有小口，他舍船从口入。诗人在春日的桃花林边划船而过，借着"问"字，引起了大家对桃花源的无尽想象。这首诗的格调恬美细润，而有远意。

2. 海上生明月，天涯共此时。（张九龄《望月怀远》）

※"生"字化静为动，生机顿生。

3. 黄河远上白云间，一片孤城万仞山。羌笛何须怨杨柳，春风不度玉门关。（王之涣《出塞》）

※边塞怨思，但仍有刚强高昂之势。大浪滔滔，从云间奔腾而来。浩瀚苍茫的大背景中，矗立着一座孤城。黄河白云、万仞山的拥托，使孤城独立雄悍，象征着戍边将士孤独而刚毅的形象。

4. 潭烟飞溶溶，林月低向后。生事且弥漫，愿为持竿叟。（綦毋潜《春泛若耶溪》）

※驾船溪上，仿佛朦胧的水潭烟雾在飞动，树梢的月亮低低地向后去了。人生不也如烟水般迷濛，又何必东奔西走，做个归隐人吧！

5. 移舟泊烟渚，日暮客愁新。野旷天低树，江清月近人。（孟浩然《宿建德江》）

※将小船儿停泊在水汽缭绕的岸边，天色已晚，求官不成的郁闷更为深重。平野茫茫，天树相接，只有水中一轮澄明的月亮，抚慰我寥落失意的心。

6. 空山不见人，但闻人语响。返景入深林，复照青苔上。（王维《鹿柴》）

※返景：太阳西沉，光照于东，称为景，即夕阳。空旷的山谷不见人影，只听到人声在谷中回荡。夕阳穿过树枝的缝隙投入深林，常常照在青苔上。一点人声，显得山愈发空旷；一抹余晖，衬得树林更加幽暗。一息声响、一丝光影原来也可以写诗。

7. 红豆生南国,春来发几枝。愿君多采撷,此物最相思。(王维《相思》)

※ 红豆又称"相思豆",南国的红豆春天不知绽放了几支,希望您多采摘,因为它最引人相思。采摘的只是红豆吗?采摘的是我的思念。这是王维十七岁时的作品,天然清新,简单又深情。

8. 漠漠水田飞白鹭,阴阴夏木啭黄鹂。(王维《积雨辋川庄作》)

※ 据说原诗是"水田飞白鹭,夏木啭黄鹂"。王维加了"漠漠",顿时水田就朦胧弥漫开来,白鹭突显、清晰可见。"夏木"加了"阴阴"顿时繁茂一片,黄鹂流利的婉转啼鸣仿佛在树叶中翻飞腾跃。

9. 苍苍竹林寺,杳杳钟声晚。荷笠带斜阳,青山独归远。(李白《送灵澈》)

※ 这是一幅有声画,戴着斗笠的僧人背影越来越远,做他背景的,是苍苍的青山、远处的寺院,还有回荡在山林间的钟声。这是唐诗的格调,苍茫但不黯淡。

10. 江流天地外,山色有无中。郡邑浮前浦,波澜动远空。(王维《汉江临眺》)

※ 中国山水,胜在"山色有无中",岚气蒸腾,一派苍茫,山的轮廓在雾气中隐约可见,远方的城市也像浮动在空中。诗佛眼中的景致果然够"仙"。

11. 山随平野尽,江入大荒流。月下飞天镜,云生结海楼。(李白《渡荆门送别》)

※ 山势随平原消失而停止,长江流入莽莽的平原,浩浩荡荡。明月倒映在江心,像神女的梳妆镜飞下人间,云气变幻,形成海市蜃楼。这是李白第一次离开家乡四川到楚地(湖南、湖北),胸怀大志,景象自然雄浑。

12. 暮从碧山下,山月随人归。却顾所来径,苍苍横翠微。(李白《下终南山过斛斯山人宿置酒》)

※ 傍晚从青葱的终南山下来,山间明月伴我回家。回头看下山的小路,已是

一条漆黑，横斜在微碧的山间。

13. 朝辞白帝彩云间，千里江陵一日还。两岸猿声啼不住，轻舟已过万重山。（李白《下江陵》）

※ 首句写起点，第二句写终点，一日到达，笔势流转，轻松欢快，可见心情迫切愉悦。第三句稍稍停顿，第四句又荡开，充沛饱满，不轻浮溜滑。

14. 噫吁戏，危乎高哉！蜀道之难，难于上青天！（李白《蜀道难》）

※ 四川的路真的有李白说的那么难走吗？也许正是如此，也许李白不全是指道路。

15. 花间一壶酒，独酌无相亲。举杯邀明月，对影成三人。月既不解饮，影徒随我身。暂伴月将影，行乐须及春。我歌月徘徊，我舞影凌乱。醒时同交欢，醉后各分散。永结无情游，相期邈云汉。（李白《月下独酌》）

※ 明明孤独无知己，也能找到月和影在花间陪伴，载歌载舞，热闹非凡。即便想到醉后分散不禁悲从中来，但马上振起情绪，忘掉自己，便长聚不分离，还飞升到银河九天。没人作陪时，自得其乐，几人能够？

16. 明月出天山，苍茫云海间。长风几万里，吹度玉门关。（李白《关山月》）

※ 这是《关山月》的前四句，苍莽浩荡，又清空莹白，这是李白的格调。之后的内容是"汉下白登道，胡窥青海湾。由来征战地，不见有人还。戍客望边邑，思归多苦颜。高楼当此夜，叹息未应闲"。

17. 燕草碧如丝，秦桑低绿枝。当君怀归日，是妾断肠时。春风不相识，何事入罗帏？（李白《春思》）

※ 燕在河北一带，秦在陕西一带。诗以两地物候差异点出两人相隔遥远。君见草芽思归之日，不知我日日都在思君断肠。相隔千里，心有灵犀，只是女子更为痴绝。结语表现女子守身如玉，春风都不让进床帏，无理而妙绝。

18. 风急天高猿啸哀，渚清沙白鸟飞回。无边落木萧萧下，不尽长江滚滚来。万里悲秋常作客，百年多病独登台。艰难苦恨繁霜鬓，潦倒新停浊酒杯。（杜甫《登高》）

※ 无数人写悲慨，但杜甫写得大气磅礴、雄浑苍茫！风飞动、天高阔，猿的哀鸣被风吹得在天地间飘荡。"无边落木萧萧下，不尽长江滚滚来"，落叶仿佛弥漫在天地间，长江的冲荡似乎冲破古今，流向永恒。意象的动感、空间、时间都决定了一首诗歌的格局，无论表达的是什么情感。

19. 君不见走马川，雪海边，平沙莽莽黄入天。轮台九月风夜吼，一川碎石大如斗，随风满地石乱走。（岑参《走马川行奉送封大夫出师西征》）

※ 黄沙入天，风乱吼，石头满地乱走，塞外的风光就是这么任性！

20. 北风卷地白草折，胡天八月即飞雪。忽如一夜春风来，千树万树梨花开。散入珠帘湿罗幕，狐裘不暖锦衾薄。将军角弓不得控，都护铁衣冷难着。（岑参《白雪歌送武判官归京》）

※ 八月里，中原还花丛锦簇，边地的北风已吹折白草，漫天大雪飞扬。好像一夜间春风吹来，千树万树开满雪白的梨花。第三、四句最为知名，乍看是表达喜悦之情，但在一二句边地苦寒的衬托下，有种悲慨的况味。

21. 浮云一别后，流水十年间。（韦应物《淮上喜会梁州故人》）

※ 乱世的我们像飘荡的浮云，上次告别后，水流十年，才再次相见。"浮云""流水"各有出典，但即便不知，此诗句也有扑面而来的感染力。韦应物的流丽正在于语意浅白，但情意深深。

22. 山石荦确行径微，黄昏到寺蝙蝠飞。升堂坐阶新雨足，芭蕉叶大栀子肥。（韩愈《山石》）

※ 险峻不平的山石间，一条小路越来越依稀不明，黄昏我来到寺庙，蝙蝠纷纷飞出洞穴。步入殿堂，坐在台阶上，看着新雨过后的芭蕉和栀子花滋润得叶大花肥。"大""肥"两字很有趣，这是韩愈的化俗为奇的功夫。

23. 渔翁夜傍西岩宿，晓汲清湘燃楚竹。烟销日出不见人，欸乃一声山水绿。回看天际下中流，岩上无心云相逐。（柳宗元《渔翁》）

※渔翁夜晚傍着西山住宿，早上汲取清湘之水烧楚地之竹。烟销日出不见渔翁，但随着"欸乃"摇橹声，山水都被摇绿了。其实山水本来就是绿的，不"欸乃"也是绿的，但在这"欸乃一声"中，这绿色就仿佛是第一次在我们的感觉中出现，绿得不同寻常。

24. 千山鸟飞绝，万径人踪灭。孤舟蓑笠翁，独钓寒江雪。（柳宗元《江雪》）

※没有鸟的千山，没有人的万径，只有一条船上老翁身披蓑笠，独钓寒天江雪。那么倔强，那么清寒。"千"反衬着"绝"，"万"越显出"灭"，然而并未"灭绝"，空荡荡冷清清的天地之间，依然有个老人在垂钓，还有那份遗世独立的坚持。

25. 朱雀桥边野草花，乌衣巷口夕阳斜。旧时王谢堂前燕，飞入寻常百姓家。（刘禹锡《乌衣巷》）

※秦淮河上的朱雀桥现在杂草丛生，南朝的禁军驻地乌衣巷正值夕阳斜照。东晋贵族王、谢世家檐下的燕子还在翩飞，只是乌衣巷已是寻常百姓的住家。繁华已去，房屋易主，只有燕子仍在飞来飞去。

26. 离离原上草，一岁一枯荣。野火烧不尽，春风吹又生。（白居易《赋得古原草送别》）

※原野上春草丰茂，每年都经历枯干和生长。野火烧不尽倔强的根，春风吹来又再生。白居易笔下"草"的性格是怎样的呢？

27. 向晚意不适，驱车登古原。夕阳无限好，只是近黄昏。（李商隐《登乐游原》）

※朗读一遍这首诗，你觉得哪几句最好听？是否感觉第一句不上口？第一句五个字都是仄声，文学的声音和意思是匹配的，不流畅的音律正是要表达压抑的心情。第二句多是平声字，声音平顺明亮，显示了诗人从抑郁中振起的希望。最后两句符合格律，上口动听，正表现了一派壮丽的景色。

28. 江雨霏霏江草齐，六朝如梦鸟空啼。无情最是台城柳，依旧烟笼十里堤。（韦庄《台城》）

※细雨濛濛中，江边细草茸茸，定都在南京的六朝（东吴、东晋、宋、齐、梁、陈）都逝去了，只有鸟儿在鸣啼。更无情的是那台城柳，嫩绿如茵，笼罩十里长堤。繁华逝去，自然长存，这份悲慨对于晚唐的韦庄，难道仅仅是指六朝吗？

第五部分　我与艺术

※题记：神话、楼阁、美女、古琴、琵琶、吹箫、歌唱，唐人的生活真是艺术的生活。其实，看诗歌的我们，也在过着艺术的生活！

1. 昔人已乘黄鹤去，此地空余黄鹤楼。黄鹤一去不复返，白云千载空悠悠。晴川历历汉阳树，芳草萋萋鹦鹉洲。日暮乡关何处是，烟波江上使人愁。（崔颢《黄鹤楼》）

※鹦鹉洲：汉人祢衡曾在此作《鹦鹉赋》，后被黄祖所杀，葬于此，因而得名。《黄鹤楼》浑成之美让诗人李白都自叹不如，他在登上黄鹤楼时说"眼前有景道不得，崔颢题诗在上头"。

2. 云想衣裳花想容，春风拂槛露华浓。若非群玉山头见，会向瑶台月下逢。（李白《清平调》）

※以"露华浓"喻杨贵妃，芳艳而绰约。三四句又将她比作仙子，若不是群玉山上见得，就应当在瑶台月下相逢，贵妃顿时脱俗而显得空灵仙气。两相叠加，艳而不俗。你会怎样描写身边的漂亮女生？

3. 泠泠七弦上，静听松风寒。古调虽自爱，今人多不弹。（刘长卿《弹琴》）

※用风声和松涛来表现，古琴的声音就有了画面感，而且格调很高，是脱俗清朗的美。

4. 大弦嘈嘈如急雨，小弦切切如私语。嘈嘈切切错杂弹，大珠小珠落玉盘。（白居易《琵琶行》）

※用视觉来表现音乐，这句最为经典。听到自己喜欢的音乐，你会想到哪些视觉意象呢？

5. 故国三千里，深宫二十年。一声何满子，双泪落君前。（张祜《何满子》）

※《全唐诗话》记载：唐武帝病重，看着孟才人说："如果我不幸离世，你打算做什么？"孟才人指着笙囊哭着说："用这个自缢。"武帝很伤感。孟才人又说："我以前善于唱歌，请献歌一曲。"于是高歌一首"一声何满子"，气急而亡。可见此诗的怨愤之深。

6. 青山隐隐水迢迢，秋尽江南草未凋。二十四桥明月夜，玉人何处教吹箫。（杜牧《寄扬州韩绰判官》）

※杜牧曾在扬州度过风流潇洒的十年，这首给扬州朋友的寄诗洋溢着他对扬州的怀念。隐隐的青山，远去的流水，首句追忆朦胧而延伸至远处。秋天尽了，江南的秋草恐怕还未凋败吧。追念中似有一丝暖意。二十四桥明月夜，梦一般的明丽又迷离。朋友你在何处教人学吹箫？温馨的问候里带着一丝歆羡。

7. 锦瑟无端五十弦，一弦一柱思华年。庄生晓梦迷蝴蝶，望帝春心托杜鹃。沧海月明珠有泪，蓝田日暖玉生烟。此情可待成追忆，只是当时已惘然。（李商隐《锦瑟》）

※漂亮的乐器瑟，没由来的有五十根弦，每根弦每个弦柱都追忆着逝去的时光。庄子不知道自己梦见蝴蝶，还是蝴蝶梦到他，古代蜀国君主望帝因被人残害，化为杜鹃，夜夜啼血。南海鱼尾人身的鲛人哭泣时会流下珍珠，蓝田山的美玉温润好像能生烟。迷茫、委曲、悲伤和温润真挚的情感也许会成为未来风轻云淡的回忆。

8. 昨夜星辰昨夜风，画楼西畔桂堂东。身无彩凤双飞翼，心有灵犀一点通。（李商隐《无题》）

※昨夜的星辰昨夜的风，我们相聚在雕画楼阁的西边、桂木厅堂以东。我虽

然没有翅膀化为彩凤，但心里与你默契相通。昨夜的温馨、现在的多情，被李商隐说得淋漓尽致。

9. 相见时难别亦难，东风无力百花残。春蚕到死丝方尽，蜡炬成灰泪始干。晓镜但愁云鬓改，夜吟应觉月光寒。蓬山此去无多路，青鸟殷勤为探看。（李商隐《无题》）

※ 相见难告别更难，东风都为人感伤而无力吹动，花朵都凋残。我的情感如春蚕到死丝（思）才停止，我的悲伤如蜡烛成灰泪才烧干。想必你也是早上对镜只愁头发变斑白，晚上吟诗也感到月光清寒吧。你住的仙境离我应当不远，西王母的使者青鸟会常来代我探看。

10. 云母屏风烛影深，长河渐落晓星沉。嫦娥应悔偷灵药，碧海青天夜夜心。（李商隐《嫦娥》）

※ 嫦娥的住所中，华丽的云母屏风映照着烛焰，火影忡忡，银河和启明星落下，天要亮了。夜夜如此华丽而凄清，嫦娥恐怕后悔偷了灵药，不死飞升吧！

《唐宋词小令精华》《元曲鉴赏辞典》选读

导读：《唐宋词小令精华》由当代学者徐培均选注，从《全唐诗》《花间集》《全宋词》等集子中选编佳作而成，内容全面，评析简明，是欣赏、学习唐宋词的入门读物。本篇挑选了其中相对著名的作品，重在情感的抒发和对于自然之趣的描写，由此帮助读者初步感受"词"这种文体的魅力。同时还挑选了部分经典元曲选段，让读者体会更生活化、更活泼的市民文化。

第一部分　我与自我

题记：当豪情奔放的时候，"我"是可与日月齐辉的巨峰，当理性笼罩的时候，我们就是天地间一粒石子。大小、刚柔，都在调度之间。

1. 适意行，安心坐。渴时饮饥时餐醉时歌，困来时就向莎茵卧。日月长，天地阔，闲快活。（关汉卿〔南吕〕《四块玉·闲适》）

※ 没有限制，没有忧虑，自由自在，随心所欲，真是人间神仙啊。但是，明媚的花儿常常开在黯淡的墙上，文人的"快活"，常常是聊以自慰的东西。

2. 旧酒投，新醅泼，老瓦盆边笑呵呵。共山僧野叟闲吟和。他出一对鸡，我出一个鹅，闲快活。（关汉卿〔南吕〕《四块玉·闲适》）

※ 本来就无拘无束，现在又有鸡有鹅，这样的聚会，确实"快活"。

3. 南亩耕，东山卧，世态人情经历多。闲将往事思量过。贤的是他，愚的是我，争什么！（关汉卿〔南吕〕《四块玉·闲适》）

※ 看透了，也就看开了。

4. 我是个普天下郎君领袖，盖世界浪子班头。我是个蒸不烂、煮不熟、捶不扁、炒不爆、响当当一粒铜豌豆，恁子弟每谁教你钻入他锄不断、斫不下、解不开、顿不脱、慢腾腾千层锦套头？我玩的是梁园月，饮的是东京酒，赏的是洛阳花，攀的是章台柳。我也会围棋、会蹴鞠、会打围、会插科、会歌舞、会吹弹、会咽作、会吟诗、会双陆。你便是落了我牙、歪了我嘴、瘸了我腿、折了我手，天赐与我这几般儿歹症候，尚兀自不肯休！则除是阎王亲自唤，神鬼自来勾，三魂归地府，七魄丧冥幽。天哪！那其间才不向烟花路儿上走！（关汉卿〔南吕〕《一枝花·不伏老》）

※ 隋树森《〈全元散曲〉评集》议论说："元代不乏精彩的散曲，但其中最令人肯定的杰作只有四大家的几篇，《一枝花·不伏老》是其中的典范；它精彩在哪，难以完全述论，恐怕是他的风流和不逊了。"实际上，"风流和不逊"未必是它成为"典范"的根本。了解一下古希腊的"犬儒主义"，大约会有新答案。

第二部分　我与社会

题记：词曲最擅长抒情，所以妻子、游子、亡国之君的思念，都非常浓烈真切。世事洞明，皆是学问；人情练达，都是文章。才下眉头，又上心头，相思易得，文字难书。

1. 梳洗罢，独倚望江楼。过尽千帆皆不是，斜晖脉脉水悠悠。肠断白苹洲。（温庭筠《梦江南》）

※ 妻子独自在家，丈夫远行未归，词人截取了妻子"倚楼凝望"这一个画面，自然引发读者的想象和对她的同情。

2. 人人尽说江南好，游人只合江南老。春水碧于天，画船听雨眠。垆边人似月，皓腕凝霜雪。未老莫还乡，还乡须断肠。（韦庄《菩萨蛮》）

※ 只合：只应该。江南景美人好，自然可以养老，更何况韦庄的家乡正处于战乱之中，还乡只能"断肠"。但心里的故乡，又怎么是眼前的美景佳人可以取代的呢？

3. 春花秋月何时了，往事知多少！小楼昨夜又东风，故国不堪回首明月中。雕栏玉砌应犹在，只是朱颜改。问君能有几多愁，恰似一江春水向东流。（李煜《虞美人》）

※ 这是亡国之君的爱国之词，虽然他的确没有治国的才能，但一腔真情、满腹伤心仍然值得我们敬佩和慨叹。

4. 我住长江头，君住长江尾。日日思君不见君，共饮长江水。此水几时休，此恨何时已？只愿君心似我心，定不负相思意。（李之仪《卜算子》）

※ 这首词语言通俗，却不失含蓄之意，用长江水比喻绵绵不绝、深厚自然的感情，让人心生祝福。当然这份感情可以是纯真的爱情，也可以是浓烈的友情。

5. 当年万里觅封侯。匹马戍梁州。关河梦断何处，尘暗旧貂裘。胡未灭，鬓先秋，泪空流。此生谁料，心在天山，身老沧洲。（陆游《诉衷情》）

※ 这首词从当年的壮志写到如今的苍老无助，虽然远离前线，依然报国心切，流畅直白、字字如刀，真是词中好男儿！

6. 纤云弄巧，飞星传恨，银汉迢迢暗度。金风玉露一相逢，便胜却人间无数。柔情似水，佳期如梦，忍顾鹊桥归路。两情若是久长时，又岂在朝朝暮暮！（秦观《鹊桥仙》）

※ 最后两句把千古传颂的牛郎织女的故事翻出了新意：真情挚爱，哪怕再短暂，也好过庸俗违心的厮混。面对"爱情"这份神圣的情感，我们可要慎重哦。

7. 有日月朝暮悬，有鬼神掌着生死权。天地也，只合把清浊分辨，可怎生错看了盗跖颜渊。为善的受贫穷更命短，造恶的享富贵又寿延。天地也，做得个怕硬欺软，却原来也这般顺水推船。地也，你不分好歹何为地？天也，你错勘贤愚枉做天！（关汉卿〔滚绣球〕《感天动地窦娥冤》）

※ 哭天抢地，咒天怨地，只是因为人间处处需要善良和公平，但人间偏偏常常缺少善良和公平。

8. 峰峦如聚，波涛如怒，山河表里潼关路。望西都，意踟蹰。伤心秦汉经行处，宫阙万间都做了土。兴，百姓苦；亡，百姓苦。（张养浩〔山坡羊〕《潼关怀古》）

※ 张养浩为官清廉，爱民如子。曾因关中旱灾，被任命为陕西行台中丞赈济灾民。他隐居后，下定决心不再做官，但听说重召他上任是为了陕西饥民，他就不顾年事已高，毅然应命，散尽家财，以身殉职。这首《山坡羊》就是在"关中大旱"之际写下的。

9. 夺泥燕口，削铁针头，刮金佛面细搜求，无中觅有。鹌鹑嗉里寻豌豆，鹭鸶腿上劈精肉，蚊子腹内剜脂油，亏老先生下手。（无名氏〔正宫〕《醉太平·讥贪小利者》）

※ 嬉笑怒骂，鞭辟入里，惟妙惟肖，妙趣横生。

10. 夕阳下，酒旆闲，两三航未曾着岸。落花水香茅舍晚，断桥头卖鱼人散。（马致远〔双调〕《阳春曲·平沙落雁》）

※ 宋代宋迪，以潇湘风景写平远山水八幅，时人称为潇湘八景，或称八景。这八景为平沙落雁、远浦帆归等。马致远就此创作对应的元曲八首。

11. 自送别，心难舍，一点相思几时绝。凭阑袖拂杨花雪。溪又斜，山又遮，人去也。（关汉卿〔南吕〕《四块玉·别情》）

※ 相见时难别更难。一句"人去也"，无奈又心酸，大约跌坐在地，放声痛哭吧。

12. 平生不会相思，才会相思，便害相思。身似浮云，心如飞絮，气若游丝。（徐再思〔双调〕《折桂令·春情》）

※ 徐再思还有一名句：相思有如少债的，每日相催逼。

13. 欲寄君衣君不还，不寄君衣君又寒。寄与不寄间，妾身千万难。（姚燧〔越调〕《凭阑人·寄征衣》）

※ 区区二十四字，将思妇细腻纠结的心理，婉转传送。

14. 兴亡千古繁华梦，诗眼倦天涯。（张可久〔黄钟〕《人月圆·山中书事》）

※ 作者张可久，生平最好旅游。不仅有一颗热爱天地的心，还有一颗看透人世荣枯的眼。

第三部分　我与自然

题记：天地自然，是人类最早的、最后的、最温暖的、最永恒的家。家是给你温暖，帮你疗伤，让你信心满满重新出发的地方。

1. 江南好，风景旧曾谙。日出江花红胜火，春来江水绿如蓝。能不忆江南？（白居易《忆江南》）

※ 谙：熟悉；江花：江边的花。词人着重从色彩的角度描写江南的活力，令人耳目一新。

2. 西塞山前白鹭飞，桃花流水鳜鱼肥。青箬笠，绿蓑衣，斜风细雨不须归。（张志和《渔歌子》）

※ 青箬笠：竹篾或箬叶编成的斗笠。这首词历来得到很高的评价，连日本的天皇也曾倾心模仿。词人把诗意、美景、音乐融为一体，动静相宜、生机盎然，兴致勃勃，让人沉醉在微微的细雨中乐不思归。不用一个典故，也没有冷僻措辞，平易近人，自然亲切。

3. 一曲新词酒一杯，去年天气旧亭台，夕阳西下几时回？无可奈何花落去，似曾相识燕归来，小园香径独徘徊。（晏殊《浣溪沙》）

※ 花落燕来，本是自然之事，但作者赋予了它们"无可奈何、似曾相识"的主观情感，就有了感叹时光流逝的味道。

4. 山下兰芽短浸溪，松间沙路净无泥，萧萧春雨子规啼。谁道人生无再少，门前流水尚能西，休将白发唱黄鸡。（苏轼《浣溪沙》）

※ 黄鸡：黄鸡天天报晓，喻指时光流逝，人生短暂。苏轼是一个乐观健朗的奇男子，河水也可以摆脱常规向西流去，人生自然可以返老还童，意气慷慨！

5. 春归何处？寂寞无行路。若有人知春去处，唤取归来同住。春无踪迹谁知？除非问取黄鹂。百啭无人能解，因风飞过蔷薇。（黄庭坚《清平乐》）

※ 这首作品的主题是为春天的过去而伤感，在和黄鹂的对话中，作者融入了自然，写出了情趣，释放了愁绪。

6. 昨夜雨疏风骤，浓睡不消残酒。试问卷帘人，却道海棠依旧。知否？知否？应是绿肥红瘦。（李清照《如梦令》）

※ 这首词和孟浩然的《春晓》有异曲同工之妙，借问花事，道尽心里的担忧和感伤。

7. 茅檐低小，溪上青青草。醉里吴音相媚好，白发谁家翁媪。大儿锄豆溪东，中儿正织鸡笼。最喜小儿无赖，溪头卧剥莲蓬。（辛弃疾《清平乐》）

※ 忙碌但不失悠闲的村居生活，五位家庭成员性格各异，活灵活现，千年之后，仍然让人觉得就在眼前呢！

8. 明月别枝惊鹊，清风半夜鸣蝉。稻花香里说丰年，听取蛙声一片。七八个星天外，两三点雨山前。旧时茅店社林边，路转溪头忽见。（辛弃疾《西江月》）

※ 丰收的田间之夜，充满了各种可能：声音、飞影、星光、雨水带来的湿润之感。词人的所有感官都被调动起来，自然融为一体。

9. 问荆溪溪上人家。为甚人家。不种梅花，老树支门，荒蒲绕岸，苦竹圈笆。（乔吉〔折桂令〕《荆溪即事》）

※ 这支元曲的作者是元代杂剧家、散曲作家乔吉。据说他长得特别漂亮，可爱可敬，不怒而威。

10. 枯藤老树昏鸦，小桥流水人家，古道西风瘦马。夕阳西下，断肠人在天涯。（马致远〔越调〕《天净沙·秋思》）

※ 马致远是元代散曲大家，有"曲状元"之称。这首小令，是折射他才情的一滴水珠。

11. 孤村落日残霞，轻烟老树寒鸦，一点飞鸿影下。青山绿水，白草红叶黄花。（白朴〔越调〕《天净沙·秋》）

※ 一点飞鸿影过，惨淡遁去，明媚顿生。

12. 绿阴茅屋两三间，院后溪流门外山。山桃野杏开无限，怕春光虚过眼，得浮生半日清闲。（贯云石〔双调〕《水仙子·田家》）

※ 浮生：虚浮不定的生活。李白《春夜宴桃李园序》："浮生若梦，为欢几何？"贯云石在这里把学问和感触融合一起，恰到好处。

《颜氏家训》选读

导读：家训是古代读书人用来教育、训诫子孙的家庭教育读本，在古代有悠久的传统。《颜氏家训》是其中很有代表性的一本，它的作者是南北朝时期的颜之推。生活在乱世中的他，为了让子孙明白为人处世之道与治家教子之方，延续家族荣耀，循循善诱，著成此书。书中有关家庭伦理、个人修养、学习态度、人际交往的教导对今天的同学们也有重要的借鉴意义。

在具体编排上，本篇节选了《颜氏家训》中朗朗上口、隽永短小的句子，分为我与自我、我与家庭、我与学校、我与社会、我与生活、我与艺术六部分，方便同学们在领会先贤苦心教导时吟咏记诵，有所积累。

第一部分　我与自我

题记：想要到达自我成就的终点，就必须一路经历磨砺才行啊。

1. 名之与实，犹形之与影也。(《名实》)

※ 一个人的名声与实际，就像身形与影子一样。想要身影曼妙，自然要锻炼身形，那想要名声美好，受人称赞，在行动上自然也要努力付出才行。

2. 德艺周厚，则名必善焉；容色姝丽，则影必美焉。(《名实》)

※ 德行才艺完备深厚的人，名声自然是好的；容貌美丽的人，在镜中的影像自然也是美的。外在的容貌固然有许多方法可以修饰打扮，但一个人的德行品质

恐怕很难通过遮掩来换取大家的交口称赞吧?

3. 上士忘名,中士立名,下士窃名。(《名实》)

※品德上等的人不会在意名声,品德中等的人努力树立名声,品德下等的人会窃取名声。我们对待名声的态度,也可以检验自身的品德修养到达了哪种层次。你检验的结果是什么呢?

4. 忘名者,体道合德,享鬼神之福佑,非所以求名也。(《名实》)

※不在意名声的人,他们能真正地了解规律,言行符合道德,享受到鬼神的庇佑,不刻意追求名声最后反而获得了名声。这句话与道家"无为而为"的思想相契合,不在意得失的人往往会有更大的收获哦。

5. 立名者,修身慎行,惧荣观之不显,非所以让名也。(《名实》)

※想要树立美好名声的人,修养身心,谨慎行事,害怕荣誉不能显扬,这样的人是不会谦让名声的。虽然"立名"在境界层次上不如"忘名",但却是努力之后人人都可以达到的境界,修身慎行之后获得大家的称赞,谁说不是一种快乐呢?

6. 窃名者,厚貌深奸,干浮华之虚称,非所以得名也。(《名实》)

※干:求取。虚称:虚名。窃取名声的人,看似忠厚但深藏奸伪,谋求表面的虚名,是不会获得好名声的。在任何时代,虚伪求名的人都不会得到大家的认可。

7. 吾见世人,清名登而金贝入,信誉显而然诺亏,不知后之矛戟,毁前之干橹也。(《名实》)

※金贝:金钱。矛戟:古代刺杀用的兵器。干橹:小、大盾牌。我见世上的人收获好名声之后就谋求金钱,信誉显扬之后就轻视诺言,不知道他们这样做就如同后来的矛戟刺穿了前面的盾牌一样。维持美好的名声需要终身洁身自好,修养德行,绝非一时之功。

8. 人之虚实真伪在乎心，无不见乎迹，但察之未熟耳。一为察之所鉴，巧伪不如拙诚，承之以羞大矣。(《名实》)

※ 熟：仔细。人的真诚虚伪都存在于内心，显现于日常行为中，如果看不出来，只是因为观察还不够仔细罢了。一旦被人看破，巧妙的虚伪还不如朴拙的真诚，就要承受大的羞辱了。无论多么精致的虚伪都比不上朴素的真诚能打动人心，大家回忆自己的经历，应该有所领悟吧。

9. 宇宙可臻其极，情性不知其穷，唯在少欲止足，为立涯限尔。(《止足》)

※ 臻：达到。涯限：界限。宇宙都有边界，但人的欲望却没有尽头，只有通过减少欲望，知道满足，给欲望立下边界了。知足的人能更多地去关注自己已经拥有的一切，就会觉得满足快乐。

10. 天地鬼神之道，皆恶满盈。(《止足》)

※ 凡事都应有限度，超过边界就会带来祸患，所谓的"过犹不及"正是自然的规律和宇宙的法则，人类也应该遵守。

11. 谦虚冲损，可以免害。(《止足》)

※ 冲损：淡泊。谦虚淡泊，可以免除祸害。这句话强调了谦虚带给人的巨大益处，保持谦虚对可能发生的祸患会保持警惕之心，尽力避免。

12. 生不可不惜，不可苟惜。(《养生》)

※ 苟：贪求。不能不珍惜生命，也不能惧怕死亡。这句话告诉我们要珍视而不吝惜地对待生命。

13. 涉险畏之途，干祸难之事，贪欲以伤生，谗慝而致死，此君子之所惜哉。(《养生》)

※ 谗慝：谄媚邪恶。踏上危险的道路，做会引起灾祸的事，贪图欲望伤害自己的生命，因为谄媚邪恶而丧生，这些都是君子感到痛心的。生命只有一次，尽力避免将生命浪费在人为的灾祸中是我们需要谨记的。

14. 行诚孝而见贼，履仁义而得罪，丧身以全家，泯躯而济国，君子不咎也。
(《养生》)

※ 见贼：被残害。做忠诚孝义的事被残害，履行仁义却获罪，丧失生命来保全家庭，捐躯来保卫国家，这些事君子是不会怪罪的。生命可轻于鸿毛，也可重于泰山，后者往往能突显生命的价值和光辉。

15. 有志尚者，遂能磨砺，以就素业；无履立者，自兹堕慢，便为凡人。
(《勉学》)

※ 履立：操守。有志向的人，就能通过磨炼成就美好的功业；那些没有操守的人，就会从此懒惰怠慢，成为庸常的人。想要有所成就，就要有明确的志向，还要能经受各种考验，忍受苦难与挫折，百折不挠。整天浑浑噩噩，没有目标，不肯付出，自然收获也少。

16. 父兄不可常依，乡国不可常保，一旦流离，无人庇荫，当自求诸身耳。
(《勉学》)

※ 父亲兄长都不可能长久依靠，家乡邦国不可能长久安定，一旦流离失所，没有人庇佑保护，应当求助自己。懂得自立自强的人，能更好地保护自己。妄想依靠外力求一世安稳的人，当失去外在的庇护时，就会遭遇不幸。

17. 铭金人云："无多言，多言多败；无多事，多事多患。"至哉斯戒也！
(《省事》)

※ 周朝太庙的铜人背上刻着铭文说："不要多说话，多说话就会多出错；不要多事，多事就会多惹祸患。"这个告诫实在是太对了。这里的"多言""多事"并不是说让大家不要说话、不要做事，而是强调要有分寸，不要说不该说的，不要做不该做的，保持谨慎谦恭的态度。

18.《礼》云："欲不可纵，志不可满。"(《止足》)

※《礼记》里面说："人的欲望不能放纵，心志不能满盈。"懂得自我克制，自我约束的人才有实现自己目标的可能，不会在中途迷失。

第二部分　我与家庭

题记：能与家人相爱不疑，"四海之内皆兄弟"才有可能。

1. 兄弟者，分形连气之人也。(《兄弟》)

※ 兄弟之间形体虽然分开，但气息是相连的。有兄弟姐妹的人在这世界上拥有除父母以外的血脉至亲，是一件多么令人羡慕的事啊。

2. 方其幼也，父母左提右挈，前襟后裾，食则同案，衣则传服，学则连业，游则共方，虽有悖乱之人，不能不相爱也。(《兄弟》)

※ 襟：衣服的前幅。裾：衣服的后摆。当兄弟年幼的时候，父母左手拉一个，右手牵一个，前面抱一个，后面背一个。大家吃饭在一个桌上，哥哥穿过的衣服再传给弟弟，哥哥读过的书也留给弟弟看，游玩也都去一个地方，即便是那些昏乱无礼的人，也不能不爱护兄弟。正是因为兄弟姐妹之间共享了成长的过程，才能有深厚的感情基础吧。

3. 兄弟相顾，当如形之与影，声之与响。(《兄弟》)

※ 兄弟之间互相照应，应当像形体与影子，声音与回响一样的紧密。这句话强调了兄弟姐妹之间应该同呼吸，共命运。

4. 爱先人之遗体，惜己身之分气，非兄弟何念哉？(《兄弟》)

※ 爱惜父母留下的躯体，珍惜与自己同气连枝的人，除了兄弟之外还有谁这样让人牵挂呢？兄弟姐妹是父母留给我们的最珍贵的礼物，懂得敬爱手足的人往往也会理解父母的苦心。

5. 兄弟之际，异于他人，望深则易怨，地亲则易弭。(《兄弟》)

※ 兄弟之间的关系，与其他人不同，期待高了就容易产生怨恨，但关系亲密、往来频繁又容易消除怨恨。兄弟姐妹之间的感情也需要宽容友爱之心才能长久维

持，不是一件容易的事啊。

6. 人或交天下之士，皆有欢爱，而失敬于兄者，何其能多而不能少也！（《兄弟》）

※ 有的人可以与天下的士人结交，都能欢欣友好地相处，但却偏偏对兄弟缺少敬爱，为何对多数人能做到对少数人却做不到呢？与自己的兄弟姐妹友好相处其实并不需要我们特别付出什么，只要能有一颗待人的平常心就行了啊。

7. 人或将数万之师，得其死力，而失恩于弟者，何其能疏而不能亲也！（《兄弟》）

※ 有的人可以统率上万人的军队，获得士兵的誓死效力，但却对自己的弟弟少有恩惠，为何对关系疏远的人能做到对关系亲密的人反而做不到呢？不仅仅是对兄弟姐妹，这句话中提出的问题可以让我们反思，与家人之间的关系不够融洽的真正原因，往往是自己的心态不佳。

8. 同言而信，信其所亲；同命而行，行其所服。（《序致》）

※ 同样的言语，有人选择相信，是相信自己亲近的人；同样的命令，有人选择遵行，是听从自己佩服的人。身边亲近之人对我们的影响是巨大的，甚至会改变我们的想法和态度。你身边有这样让人亲近、佩服的人吗？

9. 夫有人民而后有夫妇，有夫妇而后有父子，有父子而后有兄弟：一家之亲，此三而已矣。（《兄弟》）

※ 有了人类之后才有夫妻，有了夫妻之后才有父子，有了父子之后才有兄弟：家庭里的亲人，都属于这三类关系罢了。在人与人之间的一切关系中，夫妻、父子、兄弟是基础，也是最值得重视的关系。这三种关系都能保持融洽和睦，就能让人感到幸福。

10. 父不慈则子不孝，兄不友则弟不恭，夫不义则妇不顺矣。（《治家》）

※ 父亲不慈祥儿子就不孝顺，兄长不友爱弟弟就不恭顺，丈夫不仁义妻子就

不顺服。如果想要对方听从配合，自己就先要做出表率，以实际行动来感化对方，而不能仅仅靠表面的功夫。

第三部分　我与学校

题记：勤学博闻，知行合一，是为自己呢？还是为了别人？

1. 夫学者贵能博闻也。(《勉学》)

※ 读书人以博学多闻为贵。博学与专精都是读书人不断追求的境界，能达到一个也是不容易的啊。

2. 多见士大夫耻涉农商，差务工伎，射则不能穿札，笔则才记姓名，饱食醉酒，忽忽无事，以此销日，以此终年。(《勉学》)

※ 札：铠甲的叶片。常常看到一些士大夫以涉足农业、商业为耻辱，又不擅长手工技术，射箭连盔甲的叶片也不能穿透，提笔只能写出自己的名字，饱食终日，无所事事，就这样耗费光阴，度过一生。这句话中提到的在求学之路上的不良现象现在也依然存在，不肯勤学苦读，又没有一技之长的人是无法得到大家的尊敬的。

3. 何惜数年勤学，长受一生愧辱哉！(《勉学》)

※ 为何有人吝啬于数年的勤奋苦学，却宁愿承受一生的惭愧羞辱呢！年少时懒惰懈怠，不肯付出的人，即便他人不批评指责，日后也会受到自己内心的煎熬，我们每个人都要引以为戒啊。

4. 命之穷达，犹金玉木石也；修以学艺，犹磨莹雕刻也。(《勉学》)

※ 命运的困厄或通达，如同木石和金玉一样是有区别的。学习钻研就如同雕刻木石，磨冶金玉一样。每个人的生命中都充满了各种"无从选择"，但后天的学习和努力可以让这些"无从选择"发生巨大的变化，让人充满期待。

5. 所以学者，欲其多知明达耳。(《勉学》)

※ 人之所以要学习的原因，就是想要增长知识，通晓道理罢了。学习能给人带来巨大的满足感，你感受过作为人类中小小的一员，在了解天地自然万物的奥秘时的欢愉吗？

6. 夫所以读书学问，本欲开心明目，利于行耳。(《勉学》)

※ 之所以读书研究学问，就是想要开启心智，增长见识，有利于行为处事罢了。读书的成果往往是需要经过现实生活的检验的，千万不能将读书简单理解为学习书本知识呀。

7. 学之所知，施无不达。(《勉学》)

※ 学习中获取的知识，施行到哪里都有效。能将学习与处世结合起来，将知识运用于实际，才是真正会学习的人啊。

8. 见人读数十卷书，便自高大，凌忽长者，轻慢同列；人疾之如仇敌，恶之如鸱枭。如此以学自损，不如无学也。(《勉学》)

※ 鸱枭：猫头鹰。看到有人只读了几本书，就自高自大，轻视长辈和同学，人们对他也十分憎恨厌恶。像这样因为学习反而损害自身，还不如不学。学习是为了让我们不断提升修养，做更好的自己，而不是成为炫耀的手段。

9. 世人读书者，但能言之，不能行之，忠孝无闻，仁义不足。(《勉学》)

※ 世上的读书人，只能头头是道地谈论书本所学，却不能亲身实践它。仁义忠孝都不能在行为中表现出来。知晓为人处事的道理并不是学习的终点，只有能运用到日常行为实践中去，才算真正学会了。你有将学习所得运用于生活的经验吗？

10. 古之学者为己，以补不足也；今之学者为人，但能说之也。(《勉学》)

※ 古代的读书人学习都是为了弥补自身的不足；如今的读书人学习都是为了在别人跟前炫耀，仅仅能取悦他人而已。你是为了自己在学习，还是为了他人在

学习呢？显然为自己学习才更能体会到学习的乐趣吧。

11. 古之学者为人，行道以利世也；今之学者为己，修身以求进也。（《勉学》）

※ 古代的读书人学习是为了他人，践行道义造福社会；如今的读书人学习是为了自己，提高自身追求仕途通达。在学习是为己还是为人的分别里，能看出一个人的心胸与志向。

12. 夫学者犹种树也，春玩其华，秋登其实。讲论文章，春华也；修身利行，秋实也。（《勉学》）

※ 学习就好比种树，春天玩赏花朵，秋天收获果实。讲习谈论文章，如同春天的花朵，修养身心，利于实践，就如同秋天的果实。对学习如果没有全身心的投入与领会，就难以获得乐趣，更很难有运用于实践的一天，这就如同开不出花朵的果树也很难收获甜美的果实。

13. 人生小幼，精神专利，长成已后，思虑散逸，固须早教，勿失机也。（《勉学》）

※ 人在幼年的时候，精神专注敏锐，长大后思虑分散放纵，因此必须要早早开始教育，不能失去好时机。现在大家都处在"精神专利"的年纪，更应该珍惜时间，善于利用。

14. 人有坎壈，失于盛年，犹当晚学，不可自弃。（《勉学》）

※ 坎壈：困顿。有人遭遇困顿，在年轻力壮时没有条件学习，到了晚年也应该学习，不能自暴自弃。学习是终身的任务，不能因为年纪和遭遇就轻言放弃。

15. 幼而学者，如日出之光，老而学者，如秉烛夜行，犹贤乎瞑目而无见者也。（《勉学》）

※ 年少的时候学习，如同日出时光芒四射，年老的时候学习，如同手持蜡烛在夜里行走，但也仍比闭上眼睛什么也看不见的人好多了。无论年纪大小，只要

学习就会有所收获，没有比这更公允的事了。

16. 见有闭门读书，师心自是，稠人广坐，谬误差失者多矣。（《勉学》）

※ 我见过有人关起门来读书，自以为是，在大庭广众之下有各种谬论，犯了许多错误。勤学往往与好问联系在一起，如果闭门造车，不重视交流切磋，所得的学问就难以保证正确性。

17. 钝学累功，不妨精熟。（《文章》）

※ 学起来愚钝的人只要肯不断积累用功，也能达到精确熟练的境界。在学习方面，天资固然重要，但后天持之以恒的努力影响更为巨大。

18. 夫圣贤之书，教人诚孝，慎言检迹，立身扬名，亦已备矣。（《序致》）

※ 圣哲贤人们所著的书，教导人忠诚孝顺，言语谨慎，行为检点，修养自身，传扬美名，已经很完备了。读圣贤之书就是为了指导自己如何做人，两者密不可分。

19. 夫风化者，自上而行于下者也，自先而施于后者也。（《治家》）

※ 风化：教育感化。施：延续。所谓的教育感化，是自上向下推行的，是从前向后延续的。教化不是靠威胁强制逼人屈服，而是靠精神的感召让人发自内心的愿意听从。你曾经在谁的身上感受到这种教化的力量？

20. 自古明王圣帝，犹须勤学，况凡庶乎！（《勉学》）

※ 自古以来，贤明神圣的帝王尚且必须勤奋学习，更何况是普通人呢！勤奋好学的品质并不是只有愚钝的人才需要，任何人想要有所成就都离不开勤学。

21. 若能常保数百卷书，千载终不为小人也。（《勉学》）

※ 如果心中能有几百本书做底子，无论何时也不会成为愚钝的人。所谓"腹有诗书气自华"，强调的也是要多读书才能培养出修养与底蕴。

22. 积财千万，不如薄技在身。(《勉学》)

※ 积累成千上万的财富，也比不上自己有一技之长。人有了一技之长，就有了生存的保障，这才是真正用之不尽的财富啊。

23. 世人不问愚智，皆欲识人之多，见事之广，而不肯读书，是犹求饱而懒营馔，欲暖而惰裁衣也。(《勉学》)

※ 世上的人不管聪明愚蠢，都想要认识更多的人，见识更多的事，但却不肯读书，这就好比想吃饱却不愿意烧饭，想穿暖却不愿意剪裁衣服一样。通过读书，我们能扩宽视野，认识更为广阔的世界，这是让人生变得丰富最为便捷的方法了。

24. 夫读书之人，自羲、农已来，宇宙之下，凡识几人，凡见几事，生民之成败好恶，固不足论，天地所不能藏，鬼神所不能隐也。(《勉学》)

※ 羲、农：伏羲、神农，传说中上古的帝王。那些读书的人，从上古时代开始，在这宇宙中，见识了多少人，了解了多少事，人世间的成败好坏固然不用说，连天地与鬼神都不能隐藏什么。读书能让人见微知著，了解无比久远的过去，也能预想无限的未来，将人的生命扩展得多么丰富啊。

25. 光阴可惜，譬诸逝水。当博览机要，以济功业。(《勉学》)

※ 时光值得珍惜，就好像流水一样一去不返。应该广博地了解书本中的重要奥秘，成就功业。人的生命有限而知识是无限的，只能怀着时不我待的紧迫感抓住重点去参悟，才能有所成就。

第四部分　我与社会

题记：千百年来，处世益物是读书人的共同追求。

1. 用其言，弃其身，古人所耻。(《慕贤》)

※ 弃：抛开。采用了别人的言论，却抛开别人不提，这是可耻的。这句话强调了不能将他人的贡献占为己有，只有充分尊重别人价值的人才能获得别人同等

的尊重。

2. 凡有一言一行，取于人者，皆显称之，不可窃人之美，以为己力；虽轻虽贱者，必归功焉。(《慕贤》)

※自己的言行如果受益于他人，要明确地对他人表示称赞，不能掠人之美，以为都是自己的功劳，即便对方的身份地位都不如自己。愿意承认自己的所学所得是来自他人的帮助与贡献，显然并不容易呢。

3. 窃人之财，刑辟之所处；窃人之美，鬼神之所责。(《慕贤》)

※刑辟：刑律。窃取他人的财物会受到法律的制裁，窃取他人的美好言行，也会受到鬼神的责罚。无论窃取的东西是有形还是无形，能否被人所知，都不能改变"窃"的本质，这一点是我们需要时刻警醒的。

4. 生民之本，要当稼穑而食，桑麻以衣。(《治家》)

※稼：种植。穑：收获谷物。人民生活的根本，在于种植收获粮食来吃饭，种桑织布来穿衣。农业自古就是我国的民生之本，丰衣足食一直以来就是人民最朴素的生活愿望。

5. 人在年少，神情未定，所与款狎，熏渍陶染，言笑举动，无心于学，潜移暗化，自然似之。(《慕贤》)

※款狎：亲近。人在年少的时候，精神性情都没定型，会受到身边亲近之人的熏陶感染，言谈举止在无心之中进行效仿，潜移默化，自然很相似。这句话告诉了我们年少时择友要慎重的原因。

6. 与善人居，如入芝兰之室，久而自芳也。(《慕贤》)

※居：相处。与好人相处，就像进入满是兰芷香草的房间，时间长了自己也会有香味。浸润的力量真是大啊，你有过受他人影响，让自己也变得更为美好的经历吗？

7. 与恶人居，如入鲍鱼之肆，久而自臭也。(《慕贤》)

　　※ 与坏人相处，就如同进入满是鲍鱼腥臭味的店铺，时间长了自己也会有臭味。遇到品行不端的人要洁身自好，不能轻易受到不良影响，说到底人的操守源于内心的自我约束。

8. 世人多蔽，贵耳贱目，重遥轻近。(《慕贤》)

　　※ 世上的人多数都容易被遮蔽，重视耳朵听到的传闻而轻视眼睛看到的实事，重视遥远地方的人或事而轻视身边的人或事。不少人总一味相信国外的一切都比国内好，是否也是"重遥轻近"的一种表现呢？

9. 四海悠悠，皆慕名者，盖因其情而致其善耳。(《名实》)

　　※ 天下之大，人们都喜爱好的名声，要依据这种性情来引导人们到达善的境界。好的名声应该配合善的行为才能持久，愿意拥有好名声的人，就有了走上善道的可能性。

10. 修善立名者，亦犹筑室树果，生则获其利，死则遗其泽。(《名实》)

　　※ 做善事来树立美名的人，就好像盖房子、种果树一样，活着的时候能获得好处，死后还能给后代留下福泽。好的名声往往是祖孙几代人努力维护的结果，具有传承性，值得后人珍视。

11. 古者，名以正体，字以表德，名终则讳之，字乃可以为孙氏。(《风操》)

　　※ 在古代，人的名是用来规范身份的，人的字是用来表明德行的，人死之后名就要避讳不提，字还可以作为孙辈的氏来使用。古人对姓、名、字、号有着严格的区分，四者代表不同的意义，在称呼时各有功用。对于尊长的名，晚辈往往要避讳以表示敬意。

12. 士君子之处世，贵能有益于物耳，不徒高谈虚论，左琴右书，以费人君禄位也。(《涉务》)

　　※ 士人君子在这世上，应该以对他人有所裨益为贵，不能只会高谈阔论，附

庸风雅，浪费君主给的俸禄和官位。不少同学从小立志要做一个有益于他人，有益于社会的人，也是因为意识到"有益于物"的重要性。

13. 吾见世中文学之士，品藻古今，若指诸掌，及有试用，多无所堪。（《涉务》）

※品藻：品评。我看现如今那些研习文学的人，品评古今好像了如指掌，等到实际用到他们，却大多不能胜任。现在我们也提倡"空谈误国，实干兴邦"，就是希望只会夸夸其谈的人少一些，能务实做事的人多一些。

14. 居承平之世，不知有丧乱之祸；处庙堂之下，不知有战陈之急；保俸禄之资，不知有耕稼之苦；肆吏民之上，不知有劳役之勤：故难可以应世经务也。（《涉务》）

※战陈：战阵。肆：恣意。身处太平时代，不知道有离乱战祸的事；在朝廷里任职，不知道战阵交锋的危急；拿着朝廷的俸禄薪资，却不知道百姓耕种的辛苦；任意横行在百姓头上，不知道差役劳作的勤苦，这样的人很难适应局势，经营政务。只知道高高在上地享乐，不知道体察国情与民情的人，是无法对时代与社会有所贡献的。

15. 古人欲知稼穑之艰难，斯盖贵谷务本之道也。（《涉务》）

※稼穑：农业种植。古人想要人们了解种植庄稼的艰难，这大概是由于重视粮食，以农业为本的道理吧。在中国古代，农业相比于商业、手工业来说，处于最重要的核心地位，这对中国社会带来了深刻的影响，在政治制度、文化思想等方面都有体现。

16. 夫食为民天，民非食不生矣，三日不粒，父子不能相存。（《涉务》）

※存：慰问。粮食对百姓来说是头等大事，没有粮食人们就无法生存。三天不进食，连父子之间都没心思互相问候了。吃饱穿暖是人们最基本的诉求，古人也说"饮食男女，人之大欲"，只有农业能直接保证这一点。

17. 国之兴亡，兵之胜败，博学所至，幸讨论之。(《诫兵》)

※ 国家的兴盛存亡，战争的胜利失败，博学到了一定程度，就可以讨论它们了。要想为国家发展、民族兴盛贡献力量，首先要有足够的学识，才能独具慧眼，有所创造。

18. 君子处世，贵能克己复礼，济时益物。(《归心》)

※ 君子为人处世，以能约束自己，合乎礼仪之道，救济社会，有益他人为贵。有道德、有操守的人，不但懂得向内约束自己，提高修养，也懂得向外发展自己，实现价值。两者兼修，才能至善至美。

第五部分　我与生活

题记：简朴少欲、惜物守德，生活之中，自会有真意。

1. 俭者，省约为礼之谓也；吝者，穷急不恤之谓也。(《治家》)

※ 节俭，指的是节省简约又符合礼制的要求；吝啬，指的是对贫穷急难的人也不加体恤。这句话点明了节俭和吝啬的区别。

2. 今有施则奢，俭则吝；如能施而不奢，俭而不吝，可矣。(《治家》)

※ 如今能施舍的人难免奢侈，能节俭的人难免吝啬，如果能做到施舍而不奢侈，节俭而不吝啬，就可以了。乐善好施与奢侈、节俭与吝啬之间的分寸要如何把握呢？仁爱之心与淡泊之志应该是不可缺少的吧。

3. 人生衣趣以覆寒露，食趣以塞饥乏耳。形骸之内，尚不得奢靡，己身之外，而欲穷骄泰邪？(《止足》)

※ 趣：仅足。人活在世上，穿衣服仅仅是为了遮蔽寒冷，吃东西仅仅是为了避免饥饿困乏而已。身体本身尚且不该奢靡，身体之外，还想要穷奢极欲吗？仔细想想，我们在每一天的生活中真正需要的东西确实并不多呢。

4. 人生在世，会当有业：农民则计量耕稼，商贾则讨论货贿，工巧则致精器用，伎艺则沉思法术，武夫则惯习弓马，文士则讲议经书。(《勉学》)

※ 货贿：财物。伎艺：掌握技艺的人。人活在世上，都应当有专门的职业：农民要计算估量耕种之事，商人要交流买卖财物之事，工匠要制作出精巧实用的器具，艺人要钻研思考方法技术，武士要熟练射箭骑马，文人要能宣讲谈议经书典籍。每个人都应该在社会中找到自己的位置，发挥自己的特长和价值，才能收获满满的幸福感呀。

5. 借人典籍，皆须爱护，先有缺坏，就为补治，此亦士大夫百行之一也。(《治家》)

※ 百行：多种应有的品行。借阅别人的书籍，都应该爱惜，原有的缺损，要替别人修补好，这也是士大夫应有的良好品行之一。书籍可以流传千百年，比人的生命更加长久，我们理应有敬畏之心。

第六部分　我与艺术

题记：言语文章中，很能看出一个人的品行学识，你的言语文章，透露出什么信息呢？

1. 文章当从三易：易见事，一也；易识字，二也；易读诵，三也。(《文章》)

※ 好的文章应该遵循"三易"原则，一是文意清晰易懂，二是文字易于知晓，三是容易诵读识记。好的文章可以流传千古，你能举出符合"三易"原则的文章来吗？

2. 九州之人，言语不同，生民以来，固常然矣。(《音辞》)

※ 各地的人民，语言不同，从有人类开始，一向就是如此。不同地区有着不同的语言文字习惯，所谓的"南腔北调"反映的就是这一点。

3. 古今言语,时俗不同。(《音辞》)

※ 从古至今的语言,因时代习俗不同而有区别。古人所用语言的语音语调势必与现在大有不同,这也可以解释为何许多诗文用现代汉语朗读并不能完全押韵,也是因为语音发生了变化。

《大学》《中庸》选读

导读：《大学》原为《礼记》第四十二篇，程颢、程颐兄弟把它抽出。朱熹又将《大学》《中庸》《论语》《孟子》合编注释，称为《四书》，从此《大学》成为儒家经典。程颢、程颐认为《大学》的作者是孔子，朱熹把《大学》分为"经"一章、"传"十章，认为"经"是孔子的话，曾子记录下来的；"传"是曾子解释"经"的话，由曾子的学生记录的。"大学"是对"小学"而言，"小学"讲"训诂""句读"，"大学"讲治国安邦。《中庸》原也是《礼记》中的一篇。一说为战国初年的子思所作，一说是秦汉时儒家所写，它是中国古代讨论教育理论的重要论著。"中庸"可展开为"中不偏，庸不易"，指人不变换自己的目标和主张，正道而行。

第一部分 我与自我

题记：谁都希望"做最好的自己"，可是什么是最好的自己？怎样才能成为最好的自己？《大学》《中庸》给我们启示。

1. 人之视己，如见其肝肺然，则何益矣。此谓诚于中形于外。故君子必慎其独也。（《大学》）

※ 有个成语叫"了如指掌"，你对自己的了解是否能像X光片下看到的一样清清楚楚巨细靡遗？掩盖有什么用呢？内心的真实一定会表现到外表上来。所以，君子哪怕独处时，也一定谨慎。

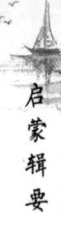

2. 自天子以至于庶人，壹是皆以修身为本。(《大学》)

※壹，一也，完全。无论个体身份尊贵还是平凡，一律强调"修身"。别忘了，修身之本在于"慎独"。

3. 富润屋，德润身，心广体胖，故君子必诚其意。(《大学》)

※心广体胖是大家熟知的成语，"胖"在此处读 pán，指安泰舒适。由富润屋类比德润身，用德行滋润养护身体，心胸才会广大，心态才会平静。诚意，指不自欺欺人。

4. 好人之所恶，恶人之所好，是谓拂人之性，灾必逮夫身。(《大学》)

※拂：违背。逮：到，及。崇尚众人厌弃的，讨厌众人提倡的，会招致祸害。中国古代不同于高扬个人的西方社会，强调群体性，不崇尚标新立异。

5. 忠恕违道不远，施诸己而不愿，亦勿施于人。(《中庸》)

※违：离开。诸：之于。"忠恕"是儒家学说的核心概念之一，己所不欲，勿施于人，就是忠恕，忠恕则近于"道"，即儒家心中的真理。

6. 正己而不求于人则无怨。上不怨天，下不尤人。(《中庸》)

※怨天尤人这一成语的出处即在于此。君子俯仰之间不愧于天地：对上，敬畏天命，故无怨，对下，尊重众人，故无尤。尤：责怪。"己"是可控的，"人"却未必。儒家特别警惕，切勿光顾着拿手电筒照别人。我们可别小看发怨言，时间一长，怨言对心灵的侵蚀慢慢累积会蛀出一个窟窿呢！

7. 子曰："射有似乎君子。失诸正鹄，反求诸其身。"(《中庸》)

※正、鹄：均指箭靶；画在布上的叫正，画在皮上的叫鹄。孔子将君子行事为人比作射箭，儒家六艺中就有"射"。箭放出去没有射中目标怪谁？我们遇到没有做好的事，第一个念头应该是反省自己，而不应是发牢骚，闹情绪。

8. 君子素其位而行，不愿乎其外。素富贵，行乎富贵；素贫贱，行乎贫贱。(《中庸》)

※素：向来。君子乐天知命的表现在于，处在富贵的地位，就做富贵人应该做的事；处在贫贱的地位，就做贫贱时应该做的事；知足守分能随遇而安。

9. 君子戒慎乎其所不睹，恐惧乎其所不闻。莫见乎隐，莫显乎微。故君子慎其独也。(《中庸》)

※君子就是在别人眼睛看不到的地方，谨慎小心；在别人听不到的地方，要警惕注意。"慎独"，从字面上说就是在独处时要慎之又慎。与自己相处，看起来是最容易的，却最能体现出个人修为高低。在别人"监督"不到的地方始终高标准严要求自己，需要定力、毅力。

10. 唯天下至诚，为能尽其性；能尽其性，则能尽人之性；能尽人之性，则能尽物之性；能尽物之性，则可以赞天地之化育；可以赞天地之化育，则可以与天地叁矣。(《中庸》)

※尽性，不妨看作充分发挥主观能动，尽人性继而尽物性。让野马在草原尽情驰骋，而不是关在动物园里供人骑着拍照，就是释放动物的本性。赞，参与。叁，"三"字的繁写，天地人三才，当人性和物性都得到了充分的发展，人渐渐融入天地，成为自然必要的组成部分。

11. 故君子不可以不修身；思修身，不可以不事亲；思事亲，不可以不知人；思知人，不可以不知天。(《中庸》)

※层层倒推，回到源头，像个圆环。修身是起点，知天是终点。终点即为起点。

12. 好学近乎知，力行近乎仁，知耻近乎勇。(《中庸》)

※"智""仁""勇"向来为儒家所重视，这句告诉你如何"摘"到这三个德行善果。

13. 去谗远色，贱货而贵德，所以劝贤也。（《中庸》）

※ 劝：勉励。光鲜亮丽的辞藻或事物往往无法持久。轻看物质，重视操守，逆着大潮流而动，是趋向"贤"的手段。

第二部分　我与家庭

题记：百善孝为先，老吾老，幼吾幼，如何扮演各种家庭角色，都有"道"寓于其中。

1. 夫孝者，善继人之志，善述人之事者也。（《中庸》）

※ 大多数人心目中的"孝"指的顺从、恭敬，其实，得以继承先人的意愿才是"孝"的真谛。明代散文家归有光在他流传千古的《项脊轩志》中有一段，描述他的祖母拿来家传的笏板，勉励勤奋苦读于朝北小书房里的孙儿："重振仕宦之家的任务落在你身上了啊！"

2. 妻子好合，如鼓瑟琴。兄弟既翕，和乐且耽。（《中庸》）

※ 翕：和顺。耽：原指耳朵大而且下垂。这里是沉醉的意思。

3. 君子之道四，丘未能一焉：所求乎子，以事父，未能也；所求乎臣，以事君，未能也；所求乎弟，以事兄，未能也；所求乎朋友，先施之，未能也。（《中庸》）

※ 父子、君臣、兄弟、朋友乃五伦的组成部分，调节这四种人际关系是否得当，决定着可否行出"君子之道"。孔子在此自谦。

4. 为人子止于孝，为人父止于慈，与国人交止于信。（《中庸》）

※ 父慈子孝，是相对应的。诚意正心则是做人之本。

5. 凡有血气者，莫不尊亲，故曰配天。（《中庸》）

※ 乌鸦反哺，羊羔跪乳，动物尚且孝敬给予自己生命的母亲，何况人呢？那

实在是天性。

6. 所谓治国必齐其家者，其家不可教，而能教人者无之。故君子不出家而成教于国。孝者，所以事君也；弟者，所以事长也；慈者，所以使众也。(《大学》)

※ "出家"指离开家庭，治理好家庭也能推至治理好国家。而且，古代有视君如父的传统，用孝来对待统治者顺理成章。相应地，在上位者也应以把百姓看成自己的孩子，广泛播撒慈爱。

第三部分　我与学校

题记：学校的核心功能是"教育"，教育若能发扬人性中的善良，激荡秉性中的特长，大概就无可指摘了吧。

1. 天命之谓性，率性之谓道，修道之谓教。(《中庸》)
※ 北宋程颐称这句为"孔门心法"。人的自然禀赋（"性"）是一个端点，顺着自然禀赋行事（"道"）是一个端点，连接两个端点构成线段，照着真理和本性去发展，就是"教"。除了受人教育以外，还有自我教育。

2. 自诚明，谓之性；自明诚，谓之教。诚则明矣，明则诚矣。(《中庸》)
※ 以诚为本，真诚和明理是一枚硬币的两面。无论生而知之，还是学而知之；无论顿悟还是渐悟，真诚是社会与生的大道无法分离的。真诚既是天道运行的法则，又是人道运行的法则。

3. 博学之，审问之，慎思之，明辨之，笃行之。(《中庸》)
※ 通向真理必经的五个阶段。讲究循序渐进，最终知行合一。

4. 有弗学，学之弗能，弗措也；有弗问，问之弗知，弗措也；有弗思，思之弗得，弗措也；有弗辨，辨之弗明，弗措也；有弗行，行之弗笃，弗措也。(《中庸》)
※ 弗措：不罢休。要么不学，学就要学会。要么不问，问就要问明白。要么

不想，想就要得出个结果。要么不分辨，分辨就要确认是非黑白。要么不实践，实践就要坚定不移。

第四部分　我与社会

题记："人"和"我"在《大学》《中庸》里是硬币的两面，用平和、谦逊、正直的态度与除"我"以外的社会相处，总是没错的。

1. **人之有技，若己有之；人之彦圣，其心好之，不啻若自其口出。**（《大学》）

※ 这句原出自《尚书》。彦，古称饱学才俊。不啻，不止。要打心底欣赏、敬重品德高尚、饱读诗书之人，而不仅仅是口中称赞。

2. **子曰："舜其大知也与！舜好问而好察迩言。"**（《中庸》）

※ 孔子崇尚以先人为仿效榜样，故而对上古的尧舜禹称颂有加，他眼中的舜具有极大的智慧，不仅好问，既善于放低自己、放空自己，也善于对较浅近的事物、现象体查后分析，从善如流。迩是近，遐是远。这里的"其"表示慨叹。与，通"欤"。

3. **隐恶而扬善。执其两端，用其中于民。**（《中庸》）

※ "中庸"二字的关键在"中"，即正好、恰当，不过头，也没有不到位。《论语》里曾有"过犹不及"，这句中的"两端"即."过"和"不及"。统治者心里清楚这两个极点，施政时用的不温不火是最适合百姓的。

4. **君子遵道而行。半途而废，吾弗能已矣。**（《中庸》）

※ 能够遵行儒家的原则固然好，比起坚持到底来说，遵道而行不见得难。孔子绝不停止、一往无前的决心在"吾弗能已矣"中显现无遗。

5. **君子依乎中庸。遁世不见知而不悔，唯圣者能之。**（《中庸》）

※ 遁，遁的古写。还记得"善欲人见不是真善"吗？《论语》里也有"不患人

之不己知，患不知人也。"见，表被动。外界不了解我，仍能依据初心，坚定地走在中庸之路上，不正是圣人吗？用流行的话说，需要一颗何其强大的内心啊！

6. 庸德之行，庸言之谨；有所不足，不敢不勉；有余，不敢尽。言顾行，行顾言。君子胡不慥慥尔。(《中庸》)

※ 庸德，平常的德行。庸言，平常的言谈。言是要与行一致的。慥，忠厚诚实的样子。

第五部分　我与生活

题记："君子"可不是一个荣誉"头衔"，必须在生活中"行"出来。

1. 君子之道，辟如行远必自迩，辟如登高必自卑。(《中庸》)

※ 人生是马拉松，也是爬山，所谓"千里之行，始于足下"，从小事做起，踏踏实实，才有可能一步步向上攀登。

2. 道得众则得国，失众则失国。是故君子先慎乎德，有德此有人，有人此有土，有土此有财，有财此有用。德者本也，财者末也。外本内末，争民施夺，是故财聚则民散，财散则民聚。(《大学》)

※ 钱虽不是万能的，但没有钱是万万不能的。然而，德必须摆在财之先，可以保证财为人所用，人不为财所役。

《论语》《孟子》《荀子》《庄子》《列子》《墨子》《吕氏春秋》选读

导读：在春秋战国时期，各种思想流派的成就，与同时期古希腊文明相辉映；以孔子、老子、墨子为代表的三大哲学体系，形成诸子百家争鸣的繁荣局面。诸子百家是对春秋、战国、秦汉时期各种学术派别的总称。但流传较广、影响较大、发展成学派的只有10家。本文摘选了被儒家、道家、墨家等流派奉为经典的诸子言论共106条，从"我与自我""我与生活""我与学校""我与社会""我与自然""我与艺术"等六个角度进行简要介绍，力求借古人智慧来指导今人在修身、立德、养性等方面获得更多的启迪和提升。

第一部分　我与自我

题记：君子并不脱离人的自然天性，而是在不断的思索中获得对人之本性的超拔。君子之道自足于心，外现于行。

1. 虽我之死，有子存焉。子又生孙，孙又生子，子又有子，子又有孙，子子孙孙，无穷匮也，而山不加增，何苦而不平？（《列子·汤问》）

※ 此句出自"愚公移山"的寓言故事。愚公想要铲平家门口挡路的两座大山，智叟笑他傻。愚公就回应以这句话。此举感动天帝，命夸娥氏的两个儿子搬走了两座山。匮：匮乏、缺乏。

2. 子墨子曰："万事莫贵于义。"(《墨子·贵义》)

※ 没有什么事儿能比道义更重要了。你看这章的题目就是"贵义"，就是认为义重要的意思啊。

3. 富贵不能淫，贫贱不能移，威武不能屈，此之谓大丈夫。(《孟子·滕文公下》)

※ 在金钱、权势、暴力面前，你能保持这种岿然不动的气节吗？

4. 言而当，知也；默而当，亦知也。故知默，犹知言也。(《荀子·非十二子》)

※ 这句话的重点是沉默，因为人们大都有表达欲，有时候不必说的话不说，反而是一种更高的智慧。你有没有这样的感觉？

5. 自知者不怨人，知命者不怨天；怨人者穷，怨天者无志。(《荀子·荣辱》)

※ 无志：没有见识。坎坷流离时，不怨天尤人，而是自省自勉，才是君子的精神。否则内外世界一片交困，人生才真的黑暗呢！

6. 志意修则骄富贵，道义重则轻王公，内省而外物轻矣。(《荀子·修身》)

※ 骄：傲视。内心足够强大，无欲则刚，就不会被功名利禄所牵绊。当你被美食和玩具所诱惑的时候，可以这么提醒自己哦。

7. 人之性恶，其善者伪也。(《荀子·性恶》)

※ 人性到底善良还是邪恶？这恐怕是荀子和孟子最大的分歧所在。荀子之所以苦心规劝我们好好学习，很大程度上出于他对人性本恶的理解。如果后天不好好学习，人就很容易沉溺在声色犬马之中，无法自拔了哦！

8. 曾子曰："吾日三省吾身：为人谋而不忠乎？与朋友交而不信乎？传不习乎？"(《论语·学而》)

※ 句中的"三"表示多次。曾子每天反省的内容是：替别人办事尽心尽力了

吗？跟朋友交往诚实守信吗？老师传授的学业我复习了吗？看得出，曾子是一个做事认真、待友诚挚的人。同学们，你愿意和这样的人交朋友吗？你愿意成为这样的人吗？

9. 子曰："巧言令色，鲜矣仁。"(《论语·学而》)

※"令色"可以解释为"伪善的面貌"。孔子认为，如果一个人总是花言巧语、面貌伪善，那么他的"仁"是不会多的。所以做人不能不诚挚，察人也不能被表象所蒙蔽。

10. 子曰："吾十有五而志于学，三十而立，四十而不惑，五十而知天命，六十而耳顺，七十而从心所欲，不踰矩。"(《论语·为政》)

※这句话是孔子讲述自己一生精神境界的发展过程。十五岁的时候有志于学习；三十岁懂得了礼仪，就可以立足于世了；四十岁对人生和社会都有了透彻的了解，不再有困惑；五十岁的时候明白了天命；六十岁听到别人的话就能明辨是非；七十岁时即便随心所欲，也不会超出规矩的界限。对同学们来讲，青少年时代是学习的年龄，而个人成长的目标是逐步与"大道"融为一体。

11. 子曰："君子不器。"(《论语·为政》)

※孔子认为，君子不能像一个器物一样，光有某一种实际的用途。有德之人对社会的价值应该是一种"无用之用"。

12. 子曰："见贤思齐焉，见不贤而内自省也。"(《论语·里仁》)

※孔子说，看见贤人，应当想着向他看齐；看见不贤的人，便应该反省自己有没有同样的毛病。所以说，别人身上的优缺点都可以当成自己进步的教材。

13. 子曰："质胜文则野，文胜质则史。文质彬彬，然后君子。"(《论语·雍也》)

※"质"是指朴实本分，"文"是指文采礼数。如果朴实多于文采，就会显得粗野；如果文采多过朴实，又会显得虚浮。所以青少年不能一味显扬真性情而忘了修养，也不能只用礼节跟人打交道而变得虚伪做作。

14. 子曰:"君子坦荡荡,小人长戚戚。"(《论语·述而》)

※ 孔子说,有德之人心胸宽广坦荡,无德之人经常局促忧愁。反过来想想,经常为芝麻绿豆大的事斤斤计较的人是不会有大出息的。同学们当以此自警。

15. 子在川上曰:"逝者如斯夫,不舍昼夜。"(《论语·子罕》)

※ "舍"的意思是居住,停留。孔子在河边感叹道,时间就像这滚滚向前的河水一样,一刻也不停留。他用有形的河水来比喻无形的时间,让人更加直观地感受到光阴的流逝。

16. 子曰:"知者不惑,仁者不忧,勇者不惧。"(《论语·子罕》)

※ 真正有智慧的人不会疑惑,真正仁德的人不会忧虑,真正勇敢的人无所畏惧。可以这样说,智者是领悟了世界真理的人,仁者是懂得人生真理的人,而勇者的内心无比强大。

17. 子曰:"三军可夺帅也,匹夫不可夺志也。"(《论语·子罕》)

※ "匹夫"在字典里有两种意思,一是指平民中的男子,泛指平民百姓;二是指有勇无谋的人。在这句话中,要取第一种意思。孔子没有用"君子",而是用"匹夫",可见独立的人格对于普通人来说都是极为重要的。

18. 子曰:"非礼勿视,非礼勿听,非礼勿言,非礼勿动。"(《论语·颜渊》)

※ 孔子的弟子颜回问孔子,怎样才能让自己的言语行动都合于礼,孔子就用上面这句话回答了他,意思是不合乎礼数的事,不看、不听、不说、不做。

19. 子贡问曰:"有一言而可以终身行之者乎?"子曰:"其恕乎!己所不欲,勿施于人。"(《论语·卫灵公》)

※ 孔子曾以"忠"和"恕"来归纳自己的学说。"恕"的内涵是"己所不欲,勿施于人"(自己不喜欢的事物,不要强加于别人),而"忠"的内涵是"己欲立而立人,己欲达而达人"(自己想要确立和达到的,也要帮助别人去确立和达到)。"忠"和"恕"都属于"推己及人"的原则。

20. 大知闲闲，小知间间；大言炎炎，小言詹詹。(《庄子·齐物论》)

※ 最有智慧的人，总会表现出豁达大度之态；小有才气的人，总爱为微小的是非而斤斤计较。合乎大道的言论，其势如燎原烈火，既美好又盛大，让人听了心悦诚服。那些耍小聪明的言论，琐琐碎碎，废话连篇。

21. 吾生也有涯，而知也无涯。(《庄子·养生主》)

※ 人的生命是有限的，而知识是无限的。要把有限的生命投入到无限的学习之中。

22. 夫小惑易方，大惑易性。(《庄子·骈拇》)

※ 小的迷惑可以使人弄错方向，大的迷惑能够使人丧失本性。说明纯正的人性就是人自然的本性，而仁义则不但不合人性，而且是伤性乱世的。

23. 孝子不谀其亲，忠臣不谄其君，臣、子之盛也。(《庄子·天地》)

※ 孝顺的儿子不去巴结父母，贤良的忠臣不去奉承君主，这就是作贤臣、作孝子的最高境界了。叹世俗阿谀成风，叹世人大惑不可救，呼唤真正的孝子、贤臣。

24. 无为也，则用天下而有余；有为也，则为天下用而不足。(《庄子·天道》)

※ 无为，就能够利用天下，而感到闲暇有余；有为，就被天下所利用，而感到急迫不足。以虚无、自然、无为，阐释无为之治。

25. 不知周之梦为蝴蝶与，蝴蝶之梦为周与？(《庄子·齐物论》)

※ 不知是庄周在梦里化成了蝴蝶呢，还是蝴蝶在梦里化成了庄周呢？庄子现身说法，认为梦与觉并无不同，都是道的物化现象。因此，若要齐同物论，就必须首先破除有我之见，而与万物混为一体。

26. 至人无己，神人无功，圣人无名。(《庄子·逍遥游》)

※ 至人泯灭了物我的对立与区别，不再有"我"，神人听应自然，完全抛弃了

"功业"的概念;圣人深明事理,完全抛弃了"声名"的桎梏。伟大的人不为自我、功业、声名所累。

27. 知足者不以利自累也,审自得者失之而不惧,行修于内者无位而不怍。(《庄子·让王》)

※ 知足的人,不为利禄去奔波劳累;明白自得其乐的人,有所失也不感到忧惧;讲究内心道德修养的人,没有官位也不感到惭愧。知足自得,不逐名位才会超脱。

28. 夫哀莫大于心死,而人死亦次之。(《庄子·田子方》)

※ 最大的悲哀莫过于心如死灰,精神毁灭,而人的身体的死亡还是次要的。人是要有点精神的。

第二部分 我与生活

题记:越参与生活,我们越能从中获得启发、震撼与希望。我们努力改善着生活,认真规划着生活,同时也被生活所塑造。

1. 大道以多歧亡羊,学者以多方丧生。(《列子·说符》)
※ 因岔路太多无法追寻而丢失了羊,因学说太多而无所适从晕头转向。

2. 不以规矩,不成方圆。(《孟子·离娄上》)
※ 规:圆规;矩:曲尺。比喻做事要遵循一定的法则。

3. 生于忧患,死于安乐。(《孟子·告子下》)
※ 忧患使人得以生存,安逸享乐却足以使人败亡。所以,人生需要历练!

4. 人有不为也,而后可以有为。(《孟子·离娄下》)
※ 为:做。人需要由敬畏之心,需要坚守人格底线,否则将一世无为。

5. 穷则独善其身，达则兼济天下。《孟子·尽心上》

※ 不得志时就洁身自好，修养个人品德，得志时就使天下都能这样。无论人生遭遇什么，都可以让生命活出价值。

6. 事死如事生，事亡如事存，状乎无形影，然而成文。(《荀子·劝学》)

※ 灵魂虽然没有形状，但是充满真情的祭祀却是有形的。通过这有形的礼仪，亲人之间的情感和家族的传统，就此绵延不绝。

7. 以火救火，以水救水，名之曰益多。(《庄子·人间世》)

※ 用火来救火，用水来救水，这样做不但不能匡正，反而会增加（卫君的）过错。假借孔子教导颜回的话，来阐明一种处世之道。成语"以火救火""以水救水"出于此。

8. 指穷于为薪，火传也，不知其尽也。(《庄子·养生主》)

※ 脂膏烧完了，火种却流传下去，无穷无尽。此句以薪喻形，以火比喻精神。薪尽火传，是说形体虽死而精神永存。后以"薪尽火传"喻学业师徒相传。

9. 人生天地之间，若白驹过隙，忽然而已。(《庄子·知北游》)

※ 人生在天地之间，就像透过缝隙看到白马飞驰而过，不过一瞬间罢了。成语"白驹过隙"出于此。人生知促，切勿浪费。

10. 小知不及大知，小年不及大年。(《庄子·逍遥游》)

※ 知识少的不了解知识多的，年寿短的不了解年寿长的。

11. 人皆知有用之用，而莫知无用之用也。(《庄子·人间世》)

※ 人们都知道有用的用处，但不懂得无用的更大用处。

12. 悲乐者，德之邪；喜怒者，道之过；好恶者，心之失。(《庄子·刻意》)

※ 悲痛与欢乐，会使德性流于邪僻；不忘喜怒，会以道为过错；陷入好恶，

会丧失道德。

第三部分　我与学校

题记：子曰："古之学者为己"。学习不是为了向他人炫耀，而是一个不断完善自我，收获乐趣的过程。

1. 子墨子言见染丝者而叹曰："染于苍则苍，染于黄则黄，所入者变，其色亦变。五入必而已则为五色矣。故染不可不慎也！"（《墨子·所染》）

※ 墨子说，曾见人染丝而感叹："（丝）染了青颜料就变成青色，染了黄颜料就变成黄色。加入的染料变了，（丝的）颜色也随之而变。加入五次染料，就变为五种颜色了。所以染色这件事是不可不谨慎的啊！"

2. 尽信书，不如无书。（《孟子·尽心下》）

※ "质疑精神"是学习中极为宝贵的，这才是"学"与"思"结合的成果。

3. 学不可以已。（《荀子·劝学》）

※ 这是《荀子·劝学》的第一句话，和《论语》的第一句话有异曲同工之妙。看来儒家都注重学习，并且是持续性的学习哦，你能不能坚持呢？

4. 真积力久则入。（《荀子·劝学》）

※ 真积：真诚地积累；入：此指进入学习的高级境界。厚积薄发，就是真理！同学们别着急哦。

5. 吾尝终日而思矣，不如须臾之所学也；吾尝跂而望矣，不如登高之博见也。登高而招，臂非加长也，而见者远；顺风而呼，声非加疾也，而闻者彰。假舆马者，非利足也，而致千里；假舟楫者，非能水也，而绝江河。君子生非异也，善假于物也。（《荀子·劝学》）

※ 跂：踮起脚跟；招：招手；疾：快；彰：清楚；假：借助；绝：渡过；生：

通"性"，天性、本性。"思而不学则罔"，善于借助前人的经验和资料学习，犹如骑马乘舟，非常便利。生活和学习中，你有没有自己的"舟楫"呢？

6. 子曰："学而时习之，不亦说乎？有朋自远方来，不亦乐乎？人不知而不愠，不亦君子乎？"（《论语·学而》）

※ 这段话是《论语》开篇第一则。"说"通"悦"，是高兴的意思。头两句话的大意是：按时复习学过的知识，志同道合的人从远方来，都是令人高兴的事。而第三句是说君子不会因为别人不了解自己而心生怨恨。从学习到交友，再到独立自足的人格，孔子讲述了一个君子应有的精神境界。

7. 子曰："君子食无求饱，居无求安，敏于事而慎于言，就有道而正焉，可谓好学也已。"（《论语·学而》）

※ 君子饮食不求饱足，居住不求安适，做事勤敏，说话谨慎，能靠近有德行的人来匡正自己，才称得上是好学。在孔子看来，学习可不局限于书本和学校，生活才是一本最丰富的书，德行才是应该追求的价值标杆。

8. 子曰："学而不思则罔，思而不学则殆。"（《论语·为政》）

※ 光学不思考，迷茫无所得；光思不学习，困惑无所得。所以学习和思考是相辅相成的，在做学问的过程中，既要借鉴前人的成果，又要有自己独立的见解。

9. 子曰："知之为知之，不知为不知，是知也。"（《论语·为政》）

※ 知道就是知道，不知道就是不知道，这才是对待知与不知的正确态度。所以求学的人不可不懂装懂，要虚心探索真知。

10. 子曰："敏而好学，不耻下问。"（《论语·公冶长》）

※ 这句话的意思是：聪敏好学，不以向身份地位低于他的人求问为耻。现在有很多学生误解了"不耻下问"的涵义，写出"我经常向老师不耻下问"这样的病句，真可谓是贻笑大方。

11. 子曰："知之者不如好之者，好之者不如乐之者。"(《论语·雍也》)

　　※ 孔子说，对于任何一门学问，懂得它不如爱好它，爱好它又不如以它为乐。所以，同学们要记住，学习可不能因为一点成绩就沾沾自喜，固步自封，学习的最高境界是找到其中的乐趣。

12. 子曰："默而识之，学而不厌，诲人不倦，何有于我哉？"(《论语·述而》)

　　※ 孔子说，把学到的东西默默地记在心里，努力学习而不厌弃，教导别人而不疲倦，这些事情我做到了哪些呢？这是孔子自谦的说法，他把学习和教育看作人生的努力方向。

13. 子曰："三人行，必有我师焉。择其善者而从之，其不善者而改之。"(《论语·述而》)

　　※ 孔子说，几个人一起走路，其中就一定有值得学习的人，他身上好的地方要学习，不好的地方要引以为戒。可见孔子非常善于向他人学习。

14. 子曰："当仁，不让于师。"(《论语·卫灵公》)

　　※ 孔子说，面对仁德，即便是老师也不能跟他谦让。古希腊哲学家亚里士多德也说过："吾爱吾师，吾更爱真理。"

15. 子曰："有教无类。"(《论语·卫灵公》)

　　※ 孔子是中国历史上第一个真正意义上的"老师"，在他之前只有贵族子弟才有受教育的权利，而孔子却不会因为学生的贫富、地域等加以区别对待。

16. "不学诗，无以言。""不学礼，无以立。"(《论语·季氏》)

　　※ 陈亢向孔子的儿子孔鲤（字伯鱼）打听孔子对他有没有特别的教诲。孔鲤说没有，只是有两次孔鲤走过孔子身边时，孔子对他说了上面两句话。孔子认为学诗可以让人懂得言辞，学礼可以让人在社会上立足。这个故事还告诉我们，君子不会对自己的儿子有所偏爱。

17. 子曰:"小子何莫学夫诗?诗,可以兴,可以观,可以群,可以怨。迩之事父,远之事君;多识于鸟兽草木之名。"(《论语·阳货》)

※ 孔子非常注重"诗教",他认为读《诗经》可以激发情感,可以观察世界万物和人间百态,可以借此与人合群,可以委婉表达对时政的讽怨。《诗经》的道理包罗万象,小到家庭关系,大到社会国家。读《诗经》还可以学到鸟兽草木的名称。

18. 子夏曰:"博学而笃志,切问而近思,仁在其中矣。"(《论语·子张》)

※ 子夏说,广泛地学习,坚守自己志趣,切近地发问,多考虑当前的问题,仁德就在其中了。复旦大学的校训就是"博学而笃志,切问而近思",这是勉励学子既要高瞻远瞩地学习,又要脚踏实地思考现实问题。

第四部分　我与社会

题记:都说社会是个大染缸,其实我们的一言一行、一举一动都是这缸中的染料,君、臣、民、友,皆需慎待之。

1. 天无私覆也,地无私载也。(《吕氏春秋·去私篇》)

※ 天覆盖万物是没有私心的,大地承载万物也是没有私心的。人应该去除人的私心和贪念,顺应自然的规律,哪怕你是一国之主,也要用你的德行去感召你的人民!

2. 外举不避仇,内举不避子。(《吕氏春秋·去私篇》)

※ 大臣祁黄羊在给君主推荐外人做官的时候,不排除自己的仇人;推荐家人担任某种职务时,不回避自己的儿子。祁黄羊的心里装的是自己的国家啊!

3. 利不可两,忠不可兼。(《吕氏春秋·权勋篇》)

※ 人不可能同时获取两种利益,也不可能同时忠于两个对象。人可不能太贪心啊!

4. 势不便、时不利，事仇以求存。(《吕氏春秋·行论篇》)

※ 此句的意思是：在我方形势和时机都不够有利的情况下，要委曲求全，与仇人一起做事，以求得生存。这可是很高明的人生策略，正是"小不忍、能乱大谋"，有时耐心是做人必需的品质。

5. 至长反短，至短反长，天之道也。(《吕氏春秋·似顺篇》)

※ 夏至是白天最长的，过了夏至白天反而逐渐缩短；冬至是白天最短的，过了冬至白天反而逐渐变长。这是自然的规律。其实，人生很多事都是如此循环往复的。这个哲理你懂了吗？

6. 生我者父母，知我者鲍子也。此世称管鲍善交也。(《列子·力命》)

※ 鲍子即鲍叔牙，春秋时期齐国大夫，与管仲为相知相重的好友，管仲受到其礼遇、信任，被推荐为相，辅佐齐桓公，成就了霸业。

7. 天下兼相爱则治，交相恶则乱。(《墨子·兼爱上》)

※ 治：太平，与"乱"相对。交相恶：互相仇恨。

8. 今小为非，则知而非之；大为非攻国，则不知非，从而誉之，谓之义，此可谓知义与不义之辩乎？(《墨子·非攻》)

※ 小为非：做小的错事；非：名词，错事。知而非之：知道这是错的就反对他；非：动词，反对。

9. 治于神者，众人不知其功；争于明者，众人知之。(《墨子·公输》)

※ 致力于解决隐患的人，大众往往不知道他的功绩；而解决明显祸患之人，大众都能轻易知晓。

10. 官无常贵而民无终贱，有能则举之，无能则下之。(《墨子·尚贤上》)

※ 为官者没有长久的显贵，庶民也不会永久地低贱，有能力的人就举荐他，没能力的人就罢免他。下：使……下台。

11. 民有三患：饥者不得食，寒者不得衣，劳者不得息。(《墨子·非乐上》)

※患：忧患。息：休息。

12. 老吾老，以及人之老；幼吾幼，以及人之幼。(《孟子·梁惠王上》)

※要有"爱屋及乌"的博爱情怀啊！

13. 爱人者，人恒爱之；敬人者，人恒敬之。(《孟子·离娄下》)

※力的作用是相互的噢！有付出就有回报，尤其是情感！

14. 人之相识，贵在相知；人之相知，贵在知心。(《孟子·万章下》)

※相识、相交、相知，层层加深的缘分与情感是人生中值得珍惜的财富。

15. 不挟长，不挟贵，不挟兄弟而友。(《孟子·万章下》)

※择友究竟看什么？不看外在身份地位，唯看其"德"而已。

16. 得道多助，失道寡助。(《孟子·公孙丑下》)

※道：正义。站在正义、仁义方面，会得到多数人的支持帮助；违背道义、仁义，必陷于孤立。治国如此，做事亦然。

17. 民为贵，社稷次之，君为轻。(《孟子·尽心下》)

※民即如水，君为舟，水能载舟，亦能覆舟。得民心者得天下啊！

18. 天时不如地利，地利不如人和。(《孟子·公孙丑下》)

※"天时""地利""人和"，还是主观因素"人心所向"决定一切呀！

19. 赠人以言，重于金石珠玉；观人以言，美于黼黻文章；听人以言，乐于钟鼓琴瑟。(《荀子·非相》)

※观：给……看；黼黻文章：白与黑组成的花纹叫做"黼"，黑与青叫"黻"，青与赤叫"文"，赤与白叫"章"，此处泛指美丽的色彩。荀子很注重言语的功能，

人之为人，不就是因为我们拥有丰富深刻的语言吗，你的语言，足够动人、足够高明、足够多情吗？

20. 故绳者，直之至；衡者，平之至；规矩者，方圆之至；礼者，人道之极也。(《荀子·礼论》)

※ 就像绳子可以辨别曲直，权衡可以区分轻重，规矩可以画出方圆，礼仪就是控制欲望、规范社会的最高标准。今天，你守礼了吗？

21. 法不能独立，类不能自行，得其人则存，失其人则亡。法者，治之端也，君子者，法之原也。(《荀子·君道》)

※ 原：通"源"。再好的制度，其执行者依然是人。如果那个（些）人没有法制精神，法典也只是一部空文。君子的意义，就在于此。

22. 子曰："不患人之不己知，患不知人也。"(《论语·学而》)

※ 孔子说，不担心别人不了解自己，只是担心不了解别人。所以我们不要总急着宣扬自己的见解和为人，要多倾听他人、理解他人。

23. 子曰："君子周而不比，小人比而不周。"(《论语·为政》)

※ "周"是依据道义来团结他人，"比"是依据共同利害互相勾结。同学们，你跟你的朋友之间到底是志同道合还是臭味相投呢？

24. 孔子对曰："君子之德风，小人之德草。草上之风，必偃。"(《论语·颜渊》)

※ 为政者的德行就像风，百姓的德行就像草。风向哪边吹，草就倒向哪边。所以说，执政者只要把国家治理好，百姓自然就会好起来。

25. 子曰："群居终日，言不及义，好行小慧，难矣哉！"(《论语·卫灵公》)

※ 这段话的大意是，有些人整天同大家腻在一块儿，不说一句正经话，爱耍小聪明，这种人真是难教导啊！孔子所说的这种情况在生活中并不少见，可能大

家都已经习以为常，所以同学们要多多反思，不要做这种"没有营养"的人。

26. 子曰："君子矜而不争，群而不党。"（《论语·卫灵公》）

※ 君子庄重而不与人争执，合群而不跟人勾结。君子应当有自己的气度和做事的原则。

27. 子曰："君子不以言举人，不以人废言。"（《论语·卫灵公》）

※ 君子不会因为人家一句有道理的话就推举他，不会因为他人品不好就否定他的一切言论。我们要注意不能把一个人的人品和他的言论混为一谈。

28. 孔子曰："君子有三畏：畏天命，畏大人，畏圣人之言。"（《论语·季氏》）

※ 孔子说，君子要有敬畏之心，敬畏天命，敬畏在高位者，敬畏有德之人的话语。所谓"敬畏"，并不是畏惧害怕，而是源自敬意的严肃、审慎态度。一个人对崇高、庄严的事物有了敬畏心，才会明白自身的界限，才会有所为而有所不为。

29. 子曰："乡愿，德之贼也。"（《论语·阳货》）

※ "乡愿"，是指没有是非的好好先生。"贼"是残害的意思。所以，不能做没有原则的和事佬，这样的人虽然不做坏事，却败坏了善恶观念。

30. 子曰："道听而途说，德之弃也。"（《论语·阳货》）

※ 孔子说，在路上听到传言就到处传播，这是应当抛弃的作风。有头脑的人应该靠自己的常识、逻辑和眼界去分辨言论的是非对错，不可轻信和传播没有根据的话。

31. 庖人虽不治庖，尸祝不越樽俎而代之矣。（《庄子·逍遥游》）

※ 厨师虽然不做祭品，主持祭祀的司仪是不会越过摆设祭品的几案，代替厨师去做的。此谓尽管庖人不尽职，尸祝也不必超越自己祭神的职权范围代他行事。表现了庄子无为而治的思想，成语"越俎代庖"即由此而来。

32. 汝不知夫螳螂乎？怒其臂以当车辙，不知其不胜任也，是其才之美者也。（《庄子·人间世》）

※ 你不知道那个螳螂吗？舞起它那两把大刀似的胳臂，妄图挡住滚滚前进的车轮。它不了解自己的力量是根本无法胜任的，却自以为是地认为自己的本领很强大。成语"螳臂当车"的典故由此而来，用以比喻不自量力。

33. 山木自寇也，膏火自煎也。桂可食，故伐之；漆可用，故割之。人皆知有用之用，而莫知无用之用也。（《庄子·人间世》）

※ 生长在山上的树木，因为自然的需要而被砍伐，膏脂因为能照明而被燃烧。桂树可以食用，所以被砍伐；漆可以使用，因而被割皮。人人都知道有用的用处，而不知道无用的用处。有用有为必有害，无用无为才是福。阐发了常常被人忽视的"无用之用"，蕴含朴素的辩证法。

34. 有机械者必有机事，有机事者必有机心。（《庄子·天地》）

※ 有了机械，就会产生机巧之事；有了机巧之事，就会产生机巧之心。

35. 狙公赋芧，曰："朝三暮四。"众狙皆怒。曰："然则朝四而暮三。"众狙皆悦。（《庄子·齐物论》）

※ 有个养猴子的老人，把橡子分给猴子，对它们说："早上给你们三升，晚上给你们四升，好么？"猴子们听了都发怒了。老人又说："那就早上四升，晚上三升！"猴子们都高兴了。庄子用"名实未亏"的道理，来比喻未达道者不能忘怀是非。成语"朝三暮四"便出于此，比喻反复无常。

36. 君子之交淡若水，小人之交甘若醴。（《庄子·山木》）

※ 君子之间的交情，淡薄如水，而小人之间的交情，看上去甘甜如酒。

37. 众人重利，廉士重名，贤人尚志，圣人贵精。（《庄子·刻意》）

※ 多数人看重利，廉洁之士注重名声，贤人君子崇尚志向，圣人看重精神。

第五部分 我与自然

题记：山水有大美，山水寓大道理。从山水自然中，我们古代的先贤们生发出怎样的情感？感悟到了哪些哲理呢？让我们跟随先哲的脚步走进自然吧。

1. 子登东山而小鲁，登泰山而小天下。(《孟子·尽心上》)

※ 站得高自然看得远，心有多大，舞台就有多大！

2. 污池渊沼川泽，谨其时禁，故鱼鳖优多，而百姓有余用也；斩伐养长不失其时，故山林不童，而百姓有余材也。(《荀子·王制》)

※ 污池：蓄水的池塘；童：山无草木。在鱼鳖繁殖的时候禁止捕捞，在树木生长的节令制止砍伐，这就是荀子的"可持续发展"观点。今天看来一点都不过时。

3. 泉涸，鱼相与处于陆，相呴以湿，相濡以沫，不如相忘乎江湖。(《庄子·大宗师》)

※ 天久旱无雨，河水干涸了。许多鱼被困在河中滩地上，它们亲密地互相依靠着，嘴巴一张一合地吐着唾沫，来润湿它们的身体（借以延缓生命，等待大雨降临），倒不如在江湖里彼此相忘。这里暗喻世人应忘掉生死，而游于大道之乡。成语"相濡以沫"源出于此。

4. 夫鹄不日浴而白，乌不日黔而黑。(《庄子·天运》)

※ 天鹅并不天天沐浴，而羽毛却是洁白的；乌鸦并不天天暴晒，而羽毛却是乌黑的。万物出自本性，不能强行改变。

5. 臭腐复化为神奇，神奇复化为臭腐。故曰："通天下一气耳。"(《庄子·知北游》)

※ 人们都把自己喜欢的东西当作神奇，把自己厌恶的东西当作臭腐；然而臭

腐可以变化为神奇，神奇也可以变化为臭腐。所以说："整个天下不过是一种气罢了。"对立的事物可以互相转化。成语"化腐朽为神奇"源出于此。

6. 天地有大美而不言，四时有明法而不议，万物有成理而不说。(《庄子·知北游》)

※ 天地有伟大的造化和功德而不言语，春夏秋冬四季有分明的规律而不议论，万物有自然形成的道理而不解说。办任何事都得遵循事物的发展规律。

7. 大寒既至，霜雪既降，吾是以知松柏之茂也。(《庄子·让王》)

※ 大寒季节到了，霜雪降临了，这时候更能显出松树和柏树的茂盛。"松柏之茂"喻君子品德高尚。

8. 道可道，非常道；名可名，非常名。(《老子》第一章)

※ 道，可以言说，但那不是长久的道。名，可一一命名，但那不是永恒不变的名。宇宙的总根源有无法认知的神秘和不可言说的美。

9. 道生成一，一生成二，二生成三，三生成万物。(《老子》第四十二章)

※ 宇宙有共同的根源，它无法描述，也无法命名，只是勉强、姑且称之为道。它从单一到繁多，从简朴到复杂，从浑沦到具体，逐步出现了我们所看到的大千世界。

10. 有物混成，先天地生。寂兮寥兮，独立不改，周行而不殆，可以为天地母。(《老子》第二十五章)

※ 有一个浑然的东西，在天地生成前就存在。虚空宁静，超然独立，永恒不变，循环运行不休止，可以成为天地万物的根源。

11. 天之道，损有余而补不足。人之道则不然，损不足以奉有余。(《老子》第七十七章)

※ "天道"的原则是要维持一个恰当的平衡状态，对有余者损之，对不足者补

之。大自然的生物链就是这种损有余而补不足的具体表现。"人之道"恰恰相反。

12. 反者，道之动；弱者，道之用。天下万物生于有，有生于无。(《老子》第四十章)

※ 道"周行不殆"（循环运行不休止），运行久了反而往反方向走。好比在田径场上跑步，顺时针跑，开始时往南，后来却往北了。古人云"祸兮福所倚，福兮祸所伏"，"塞翁失马焉知非福"，说的正是这个道理。

13. 天长地久。天地所以能长且久者，以其不自生，故能长生。(《老子》第七章)

※ 天地所以能够长久，因为它们的运作都不为自己。放下私心、计较心，像天地一样不为自己，反而可能有意外的惊喜。

14. 人之生也柔弱，其死也坚强。万物草木之生也柔脆，其死也枯槁。故坚强者死之徒，柔弱者生之徒。(《老子》第七十六章)

※ 人活着的时候身体是柔软的，死了才会僵硬。万物草木活着的时候非常细嫩，死了就干黄枯槁。所以坚强的东西往往属于死亡的一类，柔弱的东西属于活着的一类。西汉刘向的《说苑·敬慎》记载，老子去探望弥留的老师常从，常从张开嘴问老子："吾舌存乎？"老子说："在！""吾齿存乎？"老子说："亡！"常从问："你明白了吗？"老子说："舌存因为柔，齿亡大概因为刚吧！"常从说："嘻，就是这样！天下的事你都明白了！"这里的"柔弱"不是无能，而是灵活和生命力的象征。

15. 天下之至柔，驰骋天下之至坚。(《老子》第四十三章)

※ 天下最柔软的东西，能够穿透天下最坚硬的东西。水滴石穿，钢铁被空气的锈蚀，都是典型的例子。

16. 上善若水。水善利万物而不争，处众人之所恶，故几于道。(《老子》第八章)

※ 最高的善像水一样。水善于滋润万物，但不与万物相争，处于大家所厌恶

的地方，所以最接近于道。水之"上善"不仅因为消极的"不争"，更因为积极的"善利万物"然后"不争"，就是服务精神和奉献精神。

17. 江海之所以能为百谷王者，以其善下之，故能为百谷王。（《老子》第六十六章）

※ 江海之所以能成为百川归往的原因，因为它善居于卑下之地，所以能成为百川之王。谦虚宽容，比张扬挑剔更让人尊敬，因为那才是真正的自信。

第六部分　我与艺术

题记：琴棋书画诗酒茶，在先秦诸子们的生活中，处处都体现出艺术的光辉。他们的艺术造诣、对艺术的认识以及对后世的影响，都给生活在今天的我们以无穷的艺术享受和启迪。

1. 伯牙善鼓琴，钟子期善听。伯牙鼓琴，志在登高山。钟子期曰："善哉！峨峨兮若泰山！"志在流水，钟子期曰："善哉！洋洋兮若江河！"（《列子·汤问》）

※ 伯牙擅长弹琴，钟子期擅长听琴。伯牙弹琴，心里想着高山，钟子期说："好啊！高耸的样子像泰山！"心里想着流水，钟子期说："好啊！宽广的样子像江河！"

2. 得其精而忘其粗，在其内而忘其外；见其所见，不见其所不见；视其所视，而遗其所不视。（《列子·说符》）

※ 九方皋相马，只关注马的内在精髓，而忽略它的外在表象，相马的专家伯乐也不得不称赞他所达到的境界。

3. 子在齐闻《韶》，三月不知肉味，曰："不图为乐之至于斯也。"（《论语·述而》）

※ 孔子在齐国听到《韶》的乐章，很长时间尝不出肉味，他说："没想到欣赏音乐能到这样的境界。"《韶》乐是虞舜所作的太平和谐之乐，曲调优雅；《武》乐是武王伐纣一统天下之乐，音韵豪放。孔子曾说《韶》是尽善尽美的音乐，《武》

尽美但不尽善。

4. 以无厚入有间，恢恢乎其于游刃必有余地矣。（《庄子·养生主》）

※ 以无厚入有隙，所以运作起来还是宽绰而有余地的。说明做事要"依乎天理"，"以无厚入有间"，这是庄子养生论的核心。同时说明了要认识自然规律，按自然规律办事。成语"目无全牛""游刃有余"这两条成语，都出自这个故事。

5. 虽身知其安也，口知其甘也，目知其美也，耳知其乐也，然上考之不中圣王之事，下度之不中万民之利。是故子墨子曰："为乐，非也!"（《墨子·非乐》）

※ 墨子的艺术观以实用为要，他认为凡事应该利国利民，而百姓、国家都在为生存奔波，制造乐器需要聚敛百姓的钱财，荒废百姓的生产，这就失了度。"非乐"不是不欣赏艺术的甘美之处，而是尽量有度平衡，这样地考虑现在看来也是冷静理智的。